Faktenwissen
BGB – Allgemeiner Teil

Prüfungsrelevantes
in Fragen und Antworten
(§§ 1 bis 240 BGB)

von
Gerd Lang-Müller

1. Auflage

Text Copyright © 2015
Gerd Lang-Müller

Kapitelverzeichnis

Inhaltsverzeichnis

VORWORT

Das Zivilrecht ist das zentrale Fach der juristischen Ausbildung. Dabei legt der allgemeine Teil des Bürgerlichen Gesetzbuches das Fundament für praktisch alle zivilrechtlichen Geschäfte. Der allgemeine Teil schwingt bei jeder Prüfung im Zivilrecht mit, wenngleich er nicht immer einen Schwerpunkt bildet. Trotzdem muss man zumindest summarisch prüfen, ob irgendeine dieser Vorschriften einschlägig sein könnte.

Die sich hier stellenden Fragen sind mannigfaltig und können an verschiedenen Stellen des Prüfungsaufbaus eine Rolle spielen: Wurde überhaupt eine Willenserklärung abgegeben? Wenn ja, ist sie formgültig? Wer hat für wen gehandelt? Durfte er überhaupt so handeln? Mit welchem Inhalt ist ein Vertrag zustande gekommen? Ist eine Frist gewahrt? Ist ein Anspruch verjährt?

Dieses Buch erhebt keinen Anspruch darauf, das notwendige BGB-AT-Wissen vollständig und umfassend zu vermitteln. Es ist kein Lehrbuch und es vermittelt nicht die Grundlagen, die man benötigt, um eine zivilrechtliche Klausuraufgabe in den Griff zu bekommen. Es dient vielmehr dem Schließen von Wissenslücken, die einen in der Bearbeitung behindern.

Für die mündliche Prüfung hilft es dem Studenten oder Referendar, konkrete Wissensfragen zu beantworten, die einen ansonsten spontan überfordern könnten. Viele Fragen, die Ihnen vielleicht (zu) trivial vorkommen, haben es in der Prüfungssituatiuon in sich: Natürlich weiß man, was eine Täuschung ist. Aber wie lautet nochmal die genaue Definition? Was ist, wenn ein Dritter getäuscht hat oder getäuscht wurde?

Klausurersteller lieben es, Sachverhalte zu verkomplizieren. Gerade der erwähnte Einbau eines Dritten (oder Vierten oder Fünften) eignet sich hervorragend, zu unterscheiden, wer sauber arbeitet, wer korrekt analysiert und wer sich nicht aus der Ruhe bringen lässt. Wenn man hier nicht die notwendigen Fakten parat hat, schreibt man entweder komplett an der Klausur vorbei oder muss in aufwendige Denk- und Nachschlagearbeit einsteigen.

Im Hinblick auf Letzteres wiederum kann Ihnen ein abrufbares Präsenzwissen auch in der Klausursituation enorm helfen: Denn jede Minute, die Sie an Denken und Nachschlagen verschwenden, fehlt Ihnen beim Schreiben.

Ich habe versucht, dieses Buch in verschiedene thematische Kapitel einzuteilen – da eine alphabetische Aufschlüsselung wenig Sinn ergibt und mir auch sonst keine sinnvolle Unterteilung eingefallen ist. Natürlich sind viele Einzelfragen mehreren Kapiteln zuzuordnen und vielleicht steht deswegen nicht immer alles da, wo man es erwarten würde. Aber mit Hilfe des Inhaltsverzeichnisses und ein wenig Sucharbeit sollte es trotzdem gelingen, alles zu finden. Und falls Sie etwas länger suchen sollten, ärgern Sie sich bitte nicht allzusehr – schließlich besteht eine gute Chance, dass Sie beim Querlesen noch die eine oder andere Erkenntnis mitnehmen.

Ich wünsche Ihnen viel Erfolg (nicht nur) im Zivilrecht!

München, im November 2015

Gerd Lang-Müller

GESCHÄFTSFÄHIGKEIT

Was bedeutet Geschäftsfähigkeit?

Geschäftsfähigkeit ist die Fähigkeit, gültige Willenserklärungen abgeben zu können.

Geschäftsunfähig ist, wer noch nicht mindestens sieben Jahre alt ist oder aufgrund von Geisteskrankheit keinen freien Willen bilden kann. Ältere Minderjährige (also Personen zwischen 7 und 17) sind beschränkt geschäftsfähig. Alle anderen Personen sind unbeschränkt geschäftsfähig.

Kann man einen Vertrag schließen, wenn man sich im Insolvenzverfahren befindet?

Ja, durch Eröffnung des Insolvenzverfahrens verliert man weder die Rechts- noch die Geschäftsfähigkeit. Allerdings kann man nicht mehr über Gegenstände seines Eigentums verfügen. Eine Übereignung von Sachen ist damit nicht mehr möglich. Die Eingehung vertraglicher Verpflichtungen ist davon aber nicht berührt.

WILLENSERKLÄRUNGEN

Wann geht eine Willenserklärung zu?

Der Zugang einer Willenserklärung ist der Moment, in dem sie wirksam wird. Muss eine Frist eingehalten werden, hat der Zugang innerhalb der Frist zu erfolgen, eine rechtzeitige Absendung reicht nicht.

Unter Anwesenden geht eine Willenserklärung naheliegenderweise sofort zu.

Problematischer ist der Zugang unter Abwesenden, also bei Übersendung der Erklärung, sei es nun als Fax, Brief oder E-Mail. Der Zugang ist hier der Zeitpunkt, zu dem unter gewöhnlichen Umständen damit gerechnet werden kann, dass der Adressat von der Erklärung Kenntnis nimmt. Auf Hindernisse in seinem Machtbereich kann sich der Adressat aber nicht berufen.

Im Einzelnen gilt:

- Vor 18 Uhr eingeworfene Briefe gehen noch am selben Tag zu.

- Bei Postfächern erfolgt der Zugang im Moment der üblichen Abholung.

- Ist ein Nachsendeantrag eingerichtet, entscheidet die Aushändigung an der neuen Adresse.

- Der Zugang bei Einschreiben ist wiederum ein ganz eigenes Kapitel.

- Ein Fax geht im Moment des Ausdrucks zu.

- E-Mails gehen mit der Speicherung im Account des Providers zu.

- Mitteilungen auf Anrufbeantworter, per SMS, Chatnachricht o.ä. gehen sofort zu, es sei denn sie erfolgen zur „Unzeit", als wenn man nicht damit rechnen kann, dass der Empfänger die Nachricht sofort wahrnimmt. Dann gilt erst der Folgetag.

- Nach Schluss der Geschäftszeiten eingehende Mitteilungen an ein Unternehmen gehen erst mit Wiedereröffnung ein.

Dabei ist aber zu bedenken, dass der „übliche Lauf der Dinge" nicht nach den Gewohnheiten des konkreten Empfängers, sondern abstrakt zu betrachten ist. Man kann eben damit rechnen, dass ein Postfach regelmäßig geleert wird. Ein besonders schlampiger Adressat kann sich nicht darauf berufen, dass er nur alle paar Wochen auf dem Postamt vorbeischaut.

Trotzdem sind alle diese Regeln mit großer Vorsicht zu genießen. Insbesondere, wenn es ausnahmsweise nicht nur (wie beim Beginn von Fristen) auf den Tag, sondern auf die Uhrzeit der Willenserklärung ankommt, kann es immer sein, dass ein Gericht den Zugang abweichend beurteilt.

Was ist, wenn ein Brief ankommt, während der Empfänger im Urlaub ist?

Wenn man länger nicht zu Haus ist, bspw. wegen Urlaubs, aus beruflichen Gründen oder während eines Krankenhausaufenthalts, ändert dies nichts am Zugang von Willenserklärungen. Es kann ja nicht dem Absender zugerechnet werden, dass Sie nicht zu Hause waren. Dieser muss sich darauf verlassen können, dass er trotzdem wirksam Zustellungen vornehmen und Fristen einhalten oder in Gang setzen kann. Auch eine Wiedereinsetzung in den vorigen Stand, die es bei der Kommunikation mit Gerichten oder Behörden gibt, existiert im Zivilrecht nicht.

Zudem muss der Absender grundsätzlich keine Rücksicht darauf nehmen, dass der Empfänger verreist ist.

Tatsächlich muss man also dafür sorgen, dass eine Briefe während der Abwesenheit doch irgendwie erreichen, sei es durch Bekannte, die den Briefkasten leeren, oder durch einen Nachsendeauftrag.

Kann auch Schweigen eine Willenserklärung sein?

Ja, aber nur in seltenen Fällen.

Grundsätzlich ist es nicht so, dass ich einem anderen einen Vertrag anbieten kann und dann, wenn er nicht ausdrücklich nein sagt, dieser Vertrag als geschlossen gilt. Auch eine Formulierung wie „Wenn Sie nicht bis zum … widersprechen, gehe ich davon aus, dass Sie einverstanden sind" ist ohne Bedeutung. Eine Willenserklärung muss stets geäußert werden.

Ausnahmefälle sind bspw. das Kaufmännische Bestätigungsschreiben oder die kaufmännische Geschäftsbesorgung (§ 362 Abs. 1 HGB). Im BGB gibt es z.B. den Kauf auf Probe, bei dem der Kauf als abgeschlossen gilt, wenn sich der Käufer nicht aktiv umentscheidet (§ 455 Satz 2), oder den Werkvertrag, bei dem eine Vergütung stillschweigend als vereinbart gilt.

Was ist der Rechtsbindungwille?

Ein Rechtsbindungswille ist der Wille, sich tatsächlich rechtlich zu binden, also einen echten Vertrag abzuschließen. Der RBW liegt nicht vor, wenn es sich um ein reines Gefälligkeitsverhältnis handelt, das keine Rechte und Pflichten erzeugen soll.

Es gibt auch gesetzlich typisierte Geschäftsverhältnisse ohne finanzielle Motivation, die aber alle einen Rechtsbindungswillen erfordern, z.B. die Schenkung (§ 516), die Leihe (§ 598) oder der unentgeltliche Auftrag (§ 662 BGB).

Was ist ein geheimer Vorbehalt?

Der geheime Vorbehalt wird in § 116 Satz 1 BGB behandelt:

Eine Willenserklärung ist nicht deshalb nichtig, weil sich der Erklärende insgeheim vorbehält, das Erklärte nicht zu wollen.

Wenn also jemand einen Vertrag schließt, aber innerhalb diesen Vertrag oder seine daraus entstehenden Pflichten gar nicht eingehen will, dann bleibt er daran gebunden. Schließlich kann der Vertragspartner dies ja nicht wissen, sondern muss auf die tatsächliche Erklärung vertrauen. Ansonsten wäre auch jeder Vertrag nachträglich vernichtbar, indem man einfach auf seinen damaligen Vorbehalt hinweist.

Anders verhält es sich dagegen, wenn die andere Seite den Vorbehalt kennt, dieser also nicht mehr geheim ist (§ 116 Satz 2):

> Die Erklärung ist nichtig, wenn
> sie einem anderen gegenüber abzu-
> geben ist und dieser den Vorbehalt
> kennt.

Insofern handelt es sich um eine Art Scherzerklärung (§ 118).

Was ist ein Scheingeschäft?

Wird ein Vertrag nur zum Schein abgeschlossen, so ist er nichtig. Darunter versteht man aber nur Geschäfte, die tatsächlich so nicht gemeint sind. Wenn die Vertragsparteien den Vertrag tatsächlich abschließen wollen, aber damit andere Zwecke verfolgen (z.B. man verschenkt etwas, um es vor den eigenen Gläubigern zu sichern), dann liegt kein Scheingeschäft vor.

§ 117 sagt:

> (1) Wird eine Willenserklärung,
> die einem anderen gegenüber abzu-
> geben ist, mit dessen Einverständ-
> nis nur zum Schein abgegeben, so
> ist sie nichtig.
> (2) Wird durch ein Scheingeschäft
> ein anderes Rechtsgeschäft ver-
> deckt, so finden die für das ver-
> deckte Rechtsgeschäft geltenden
> Vorschriften Anwendung.

Beim Scheingeschäft wissen also beide Seiten, dass das Geschäft so nicht abgeschlossen werden soll. Das Scheingeschäft muss man daher vom geheimen Vorbehalt (§ 116), bei dem der Erklärende nicht sagt, dass er das nicht wirklich will, und von der Scherzerklärung (§ 118), die nur einen Witz darstellen soll, unterscheiden.

Was ist die „protestatio facto contraria"?

Der Widerspruch entgegen dem tatsächlichen Handeln („protestatio facto contraria") bedeutet, dass tatsächliche Handlungsweise und geäußerte Erklärung auseinanderfallen. Wer bspw. in einem Restaurant das „All you can eat"-Buffet plündert, kann nicht gleichzeitig sagen, er wolle keinen Vertrag darüber schließen. Hier geht die Inanspruchnahme der Leistung dem Gesagten vor, mit der Folge, dass der Vertrag als abgeschlossen anzusehen ist.

Diese Regel ist äußerst einsichtig und allgemein anerkannt, bereits seit dem Römischen Recht. Wie genau man sie rechtlich verortet, ist dagegen umstritten. Teilweise wird sie als Unterfall von Treu und Glauben behandelt, teilweise wird einfach der geäußerte Wille für von Haus aus unbeachtlich erklärt, weil er eben offensichtlich nicht ernst gemeint ist.

Wird der Wille überhaupt nicht geäußert, handelt es sich um einen geheimen Vorbehalt.

Ähnlich zur protestatio facto contraria ist auch der Fall des „venire contra factum proprium".

Was ist eine „offerta ad incertas personas"?

Ein Angebot an unbestimmte Personen (lat. „offerta ad incertas personas") richtet sich an jede beliebige Person, die bereit ist, die Gegenleistung zu erbringen. Wer bspw. einen Getränkeautomaten aufstellt, erklärt damit, jedem – sofern vorrätig – eine Dose

Cola verkaufen zu wollen, der das entsprechende Geld einwirft. Im Gegensatz zur invitatio ad offerendum liegt hier ein Rechtsbindungswille und damit eine Willenserklärung vor, die nur noch angenommen werden muss.

Was ist eine invitatio ad offerendum?

Unter einer invitatio ad offerendum (Einladung, ein Angebot abzugeben) versteht man werbende Aussagen, beispielsweise eine Auslage im Schaufenster. Dabei handelt es sich noch um kein Angebot im Sinne einer Willenserklärung, weil sonst der Verkäufer gegenüber jedem Vorbeigehenden, der das Angebot nur noch anzunehmen bräuchte, zum Verkauf verpflichtet wäre.

Rechtlich gesehen fordert der Verkäufer also Interessenten dazu auf, dass sie seinen Laden betreten, sich auf die ausgelegte Ware beziehen und anbieten, einen Vertrag darüber abzuschließen. Dieses Angebot nimmt der Ladeninhaber dann an – oder auch nicht. Der Hintergrund ist einfach, dass man nicht annehmen kann, dass der Verkäufer sich gegenüber einer unüberschaubaren Zahl beliebiger Personen rechtsgeschäftlich binden, also zum Verkauf verpflichten will.

An dieser Konstruktion ändert sich auch nichts, wenn dies ausdrücklich als Angebot (z.B. „Sonderangebot") bezeichnet wird, da der Begriff in der Alltagssprache einfach etwas anderes meint.

Was ist der Widerruf einer Willenserklärung?

Wenn man es sich nachträglich anders überlegt und doch keine Willenserklärung mehr abgeben will, kann man sie widerrufen. Dann entfaltet die Willenserklärung keine Wirkung und man ist bspw. nicht mehr an die Bestellung gebunden. § 130 Abs. 1 Satz 2 BGB sagt:

> Sie [die Willenserklärung] wird nicht wirksam, wenn dem anderen vorher oder gleichzeitig ein Widerruf zugeht.

Das ist die Krux an der Sache: Der Widerruf muss spätestens gleichzeitig mit der zu widerrufenden Willenserklärung zugehen. Bei einer mündlichen oder telefonischen Willenserklärung ist dies also von Vornherein nicht möglich. Auch ein Anruf, der nur wenige Minuten später erfolgt, ist nicht mehr gleichzeitig, also zu spät.

Bei anderen Formen der Übermittlung muss man dafür sorgen, dass man ein schnelleres Kommunikationsmittel wählt, um den früheren Zugang sicherzustellen. Weiß man also z.B., dass ein Brief unterwegs ist, den man nun nicht mehr ernst meint, dann kann man den Widerruf per Fax, E-Mail oder telefonisch erklären. Ist man sich sicher, dass ein zweiter Brief am gleichen Tag wie der erste beim Empfänger ankommen wird, reicht auch das – aber man trägt das Risiko, dass der Widerruf doch erst am nächsten Tag eintrifft.

Ein Sonderfall ist der Eingang einer an sich sofort zugehenden Erklärung außerhalb der Geschäftszeiten, z.B. eine E-Mail, ein Fax oder eine Mitteilung auf der Mailbox am späten Abend.

Wer muss nachweisen, von wem eine E-Mail geschrieben wurde?

Willenserklärungen sind auch per E-Mail zulässig. Aber häufig steht man vor dem Problem, dass man nicht sicher nachweisen kann, dass auch derjenige, von dem die E-Mail zu sein scheint, diese geschrieben hat. E-Mail ist eine sehr unsichere Art der Kommunikation, jeder kann unter jeder beliebigen Adresse Nachrichten verschicken.

Wie immer im Zivilrecht muss jeder die für ihn günstigen Tatsachen beweisen. Also muss man auch belegen können, dass die Person, die man gerade in Anspruch nehmen will, die Willenserklärung abgegeben hat. Wenn einem das nicht gelingt, wird man vertragliche Ansprüche nicht durchsetzen können.

Etwas anders ist die Lage, wenn jemand einen anderen an seinen Computer gelassen hat und dieser von dort aus die Mail geschrieben hat. Dann liegt ein Handeln unter fremdem Namen vor, das dem Inhaber des Computers analog zu den Vertretungsregelungen zugerechnet werden kann.

Was ist ein einseitiges Rechtsgeschäft?

Für ein einseitiges Rechtsgeschäft ist nur eine Willenserklärung notwendig. Das Rechtsgeschäft geschieht also nicht durch die übereinstimmende Entscheidung zweier Personen (wie ein Vertrag), sondern nur durch die Erklärung einer Person. Zu den einseitigen Rechtsgeschäften gehören insbesondere die Kündigung, die Mahnung (die zudem keine echte Willenserklärung, sondern nur eine geschäftsähnliche Handlung ist), das Testament, die Eigentumsaufgabe oder die Bevollmächtigung.

Was ist ein Bote?

Ein Bote übermittelt eine fremde Willenserklärung, er fungiert also nur als Übermittler. Dagegen gibt ein Stellvertreter eine eigene Willenserklärung ab, die für und gegen einen anderen wirkt.

Der Bote wird daher nur als Werkzeug tätig, er muss also nicht geschäftsfähig sein („Ist das Kindlein noch so klein, kann es doch schon Bote sein") und kann auch Willenserklärungen für höchstpersönliche Rechtsgeschäfte überbringen. Bei Übermittlungsfehlern kann der Auftraggeber die Willenserklärung gemäß § 120 anfechten.

Was ist ein Empfangsbote?

Ein Empfangsbote ist eine Person, die Willenserklärungen für einen anderen entgegennimmt. Die Eigenschaft als Empfangsbote wird im täglichen Leben weitgehend angenommen, zum Beispiel für Mitbewohner, Familienangehörige, Angestellte und zusammenarbeitende Unternehmen.

Wird eine Person eingesetzt, die nicht Empfangsbote des Adressaten ist, so ist diese Person in der Regel als normaler Bote (Erklärungsbote) des Erklärenden anzusehen, sodass dieser sich eventuelle Übermittlunsgfehler durch den Boten zurechnen lassen muss.

FORMVORSCHRIFTEN

Warum gibt es Formvorschriften?

Da prinzipiell jeder Vertrag mündlich geschlossen werden kann, besteht insoweit eine gewisse Gefahr, dass etwas, was man „so dahersagt", später eine immense rechtliche Bedeutung erlangt. Formvorschriften sollen davon etwas wegführen und ein Rechtsgeschäft „formalisieren", also an bestimmte Rahmenbedingungen binden.

Im Mittelpunkt steht daher die sog. Warnfunktion. Dadurch, dass das Gesetz eine bestimmte Form verlangt, wird der Abschließende gewarnt. Allein das Fordern der Form durch den Vertragspartner dürfte auch einem juristischen Laien verdeutlichen, dass er dabei ist, etwas Bedeutsames zu tun.

Die Beweisfunktion soll hingegen dafür sorgen, dass keine Unklarheiten über das Zustandekommen und den Inhalt des Rechtsgeschäfts bestehen. Aus diesem Grund ist stets zu fragen, welche Nebenbestimmungen der Form bedürfen – denn hier besteht die Gefahr, dass wesentliche Klauseln ohne Einhaltung der Form vereinbart werden, aber den formbedürftigen Vertrag erheblich beeinflussen.

Wird eine notarielle Beurkundung gefordert, soll diese die Beweisfunktion verstärken und die Warnfunktion durch sachkundige Beratung (und auch durch die bloße Tatsache, dass man extra einen Notar aufsuchen muss) untermauern. Gerade Grundstücksgeschäfte können durch Einschaltung des Notars auch behördlich kontrolliert werden, insbesondere, was die Grunderwerbsteuer angeht.

Muss ein Mietvertrag schriftlich geschlossen werden?

Nein, an sich nicht.

Allerdings gilt ein für mehr als ein Jahr mündlich geschlossener Vertrag automatisch für unbestimmte Zeit (§ 550 Satz 1). Anders gesagt: Ein mündlicher Mietvertrag gilt entweder für höchstens ein Jahr oder (abgesehen von der Kündigungsmöglichkeit) für immer.

Ist eine Willenserklärung per E-Mail zulässig?

Grundsätzlich ja. Eine Willenserklärung kann in jeder beliebigen Form abgegeben werden, egal ob mündlich, schriftlich, per Fax, in einer notariellen Urkunde, durch eine Geste (Kopfnicken) oder eben per E-Mail. Solange der Wille klar geäußert wurde, ist er rechtsgeschäftlich bindend.

Etwas anderes gilt nur, wenn ausnahmsweise eine besondere Form vom Gesetz vorgesehen ist, z.B. bei Grundstücksgeschäften (§ 311b Abs. 1 Satz 1) oder Verbraucherdarlehen (§ 492 Abs. 1).

Was ist eine amtliche Beglaubigung?

Eine amtliche Beglaubigung (§§ 33, 34 Verwaltungsverfahrensgesetz) ist die Kopie eines Originaldokuments, deren Übereinstimmung mit dem Original durch eine staatliche Behörde bestätigt wird. Dadurch wird eine erhöhte Gewähr für die Unverfälschtheit der Kopie gegeben, nicht aber für die Richtigkeit des Originals. War also bereits das Original gefälscht oder inhaltlich unrichtig, so kann die Kopie allein durch die Beglaubigung nicht besser sein.

Diese Art der Beglaubigung hat also mit der öffentlichen (notariellen) Beglaubigung nichts zu tun.

Was ist eine notarielle Beurkundung?

Die notarielle Beurkundung (§ 128) ist die offiziellste denkbare Form. Hier erstellt der Notar eine Urkunde, bespricht den Inhalt eingehend mit den Parteien und lässt diese dann (natürlich nach erfolgter Identitätsfeststellung) unterzeichnen. Im Gegensatz zur öffentlichen Beglaubigung wird hier also auch der Inhalt des Vertrags notariell bestätigt.

Was ist eine öffentliche Beglaubigung?

Bei der öffentlichen Beglaubigung (§ 129) wird durch einen Notar bestätigt, dass eine Unterschrift auf einem Dokument tatsächlich von dem stammt, dessen Name daruntersteht. Der Inhalt des Dokuments stammt dagegen nicht vom Notar selbst und wird auch nicht unbedingt daraufhin überprüft, ob er genau das bewirkt, was die Parteien übereinstimmend gewollt haben – hierfür muss man zur notariellen Beurkundung greifen. Die Beglaubigung dient also nur der Identitätsfeststellung.

Was ist der Unterschied zwischen notarieller Beurkundung, öffentlicher Beglaubigung und amtlicher Beglaubigung?

Notarielle Beurkundung: Notar prüft Inhalt der Erklärung und Identität der Parteien.

Öffentliche Beglaubigung: Notar prüft Identität der Parteien.

Amtliche Beglaubigung: Behörde bestätigt Übereinstimmung einer Kopie mit dem Originaldokument.

Kann auch ein Rechtsanwalt eine amtliche Beglaubigung erteilen?

Nein, da der Anwalt keine Behörde ist. Eine anwaltliche Bestätigung mag in vielen Fällen schon „etwas wert sein", eine Amtshandlung ist sie aber nicht. Ist gesetzlich vorgesehen, dass irgendetwas amtlich beglaubigt sein muss, hilft also nur der Gang zum Amt.

Was ist eine einfache Schriftformklausel?

Mit einer einfachen Schriftformklausel wird vereinbart, dass künftige Änderungen am Vertrag der Schriftform bedürfen. Diese Klausel ist nicht viel wert: Sie kann jederzeit formlos aufgehoben werden, auch durch schlüssiges Verhalten (konkludent). Treffen die Vertragsparteien also eine mündliche Abrede, heben sie damit normalerweise konkludent die Schriftformklausel auf. Die mündliche Abrede (die die Schriftformklausel eigentlich verhindern sollte) ist also vollständig wirksam.

Anders verhält es sich dagegen bei der doppelten Schriftformklausel.

Was ist eine doppelte Schriftformklausel?

Bei der einfachen Schriftformklausel ist das Problem, dass diese jederzeit, auch mündlich, aufgehoben werden kann. Sie wirkt also nicht so wie sie soll.

Daher vereinbart man auch doppelte Schriftformklauseln. Diese sehen vor, dass zum einen Vertragsänderungen der Schriftform bedürfen, aber zum anderen auch die Aufhebung der Schriftformklausel selbst. Somit können mündliche Vereinbarungen nicht am Schriftformerfordernis ändern und das weiterhin bestehende Schriftformerfordernis verhindert, dass die mündliche Vereinbarung Wirkung entfaltet.

Bei der Formulierung wichtiger Verträge kann es auf jede Klausel ankommen – darum sollte man sich hier stets kompetent beraten lassen.

Kann man Schriftformklauseln in AGB vereinbaren?

Das ist nicht ganz unumstritten, aber wohl eher nicht. Eine solche Vereinbarung würde den Vorrang der Indivualabrede (§ 305b) aushebeln, indem sie explizit die AGB für vorrangig erklärt. Dies wiederum stellt eine Irreführung des Vertragspartners dar, die gemäß § 307 Abs. 1 Satz 1 als unangemessene Benachteiligung gilt.

Was ist eine Unterverbriefung?

Ein Grundstückskaufvertrag muss grundsätzlich vor einem Notar geschlossen werden. Aus der dort angegebenen Summe errechnen sich sowohl die Notargebühren als auch die Grunderwerbsteuer. Um hier zu sparen, wird teilweise ein zu geringer Preis abgegeben, während die restliche Summe unter der Hand („schwarz") übergeben wird. Der Vertrag wird dann als unterverbrieft bezeichnet.

Der notariell geschlossene Vertrag ist dann als Scheingeschäft gemäß § 117 Abs. 2 BGB nichtig, auch wenn nur die Summe zum Schein genannt wurde. Der tatsächlich gewollte, in der Regel mündliche Vertrag über den richtigen Preis ist dagegen formnichtig, da er nicht notariell abgeschlossen wurde (§§ 125 Satz 2, 311b Abs. 1 Satz 2). Sobald der neue Eigentümer ins Grundbuch eingetragen wird (was aufgrund des Scheinvertrags beim Notar erfolgt), wird aber der formnichtige mündliche Vertrag „geheilt", er wird also durch Vollzug im Grundbuch wirksam.

IRRTUM UND ANFECHTUNG

Was kann man tun, wenn man sich bei einem Geschäft geirrt hat?

Eine Willenserklärung kann grundsätzlich angefochten werden. Ein Anfechtungsgrund ist bspw. der Irrtum gemäß § 119 Abs. 1:

> Wer bei der Abgabe einer Willenserklärung über deren Inhalt im Irrtum war oder eine Erklärung dieses Inhalts überhaupt nicht abgeben wollte, kann die Erklärung anfechten

Landläufige Vorstellungen wie „Unwissen schützt vor Strafe nicht" sind also (schon mal davon abgesehen, dass es hier nicht um Strafe geht) auf jeden Fall falsch.

Die Anfechtung muss gemäß § 121 Abs. 1 Satz 1 unverzüglich, also am besten sofort erfolgen, und zwar gegenüber dem Vertragspartner. Zu beachten ist allerdings, dass man damit schadenersatzpflichtig ist. Man muss dem Gegenüber das sogenannte „negative Interesse" ersetzen.

Was zählt als Irrtum, aufgrund dessen man anfechten kann?

§ 119 führt dazu aus:

> (1) Wer bei der Abgabe einer Wil-

> lenserklärung über deren Inhalt im
> Irrtum war oder eine Erklärung
> dieses Inhalts überhaupt nicht ab-
> geben wollte, kann die Erklärung
> anfechten, wenn anzunehmen ist,
> dass er sie bei Kenntnis der Sach-
> lage und bei verständiger Würdi-
> gung des Falles nicht abgegeben
> haben würde.
> (2) Als Irrtum über den Inhalt der
> Erklärung gilt auch der Irrtum
> über solche Eigenschaften der Per-
> son oder der Sache, die im Verkehr
> als wesentlich angesehen werden.

Es gibt also im Wesentlichen drei Kategorien, die zur Irrtumsanfechtung berechtigten:

- Irrtum über die Erklärungshandlung: Jemand verspricht oder verschreibt sich, damit entspricht schon das Geäußerte an sich nicht seinem Willen. Bsp.: Der Verkäufer will 52.000 Euro verlangen, sagt aber versehentlich „25.000".

- Irrtum über den Erklärungsinhalt: Man nennt bspw. eine falsche Produktnummer, weil man sich im Katalog verlesen hat. Dann hat man sich nicht versprochen, man war nur im Irrtum darüber, was das Geäußerte bedeutet.

- Irrtum über verkehrswesentliche Eigenschaften: Z.B. das Baujahr eines Autos oder die Frage, ob ein Kunstwerk echt ist.

Kein Irrtum in diesem Sinne ist allerdings der sog. Motivirrtum.

Kann man anfechten, wenn sich beide Parteien getäuscht haben?

Es ist möglich, dass z.B. sowohl der Käufer als auch der Verkäufer eine falsche Vorstellung von der Kaufsache hatten. Beide dachten, es handle sich um einen Picasso, während es in Wirklichkeit doch nur eine billige Kopie war.

In diesem Falle ist § 313 BGB interessengerechter, da die Geschäftsgrundlage des Vertrags gestört ist. Zunächst wird hier eine Anpassung des Vertrags versucht, was hier kaum zu sinnvollen Ergebnissen führen wird, denn das Bild ist und bleibt eine Kopie. Kommt man damit nicht weiter, so ist gemäß § 313 Abs. 3 Satz 1 eine Kündigung möglich.

Kann man auch anfechten, wenn jemand anderes getäuscht hat?

Das kommt darauf an.

Wenn diese andere Person im „Lager" des Vertragspartners gestanden hat, handelt es sich um eine zuzurechnende Täuschung des Vertragspartners analog § 278. Dies ist bei Vertrauenspersonen oder Repräsentanten der Fall, zum Beispiel bei Maklern. Dann ist das eine Täuschung der Vertragspartei selbst, sodass der andere Teil gemäß § 123 Abs. 1 anfechten kann.

Hat dagegen eine neutrale Person getäuscht, so kann nach § 123 Abs. 2 Satz 1 BGB gegenüber dem Vertragspartner nur angefochten werden, wenn dieser die Täuschung kannte oder kennen musste (also fahrlässig nicht kannte).

Kann man wegen eines Rechtsfolgenirrtums anfechten?

Nein, dies ist grundsätzlich unbeachtlich. Wer genau weiß, was er sagt, ist daran gebunden. Dies gilt auch dann, wenn er nicht alle Folgen seines Handelns, die durch das Gesetz entstehen, gekannt hat.

Wer bspw. einen Werkvertrag kündigt und nicht weiß, dass er trotzdem die Vergütung zahlen muss (§ 649 BGB), hat so gesehen einfach Pech gehabt. Denn seine Kündigung gilt auch dann, wenn er – hätte er das vorausgesehen – nicht gekündigt hätte.

Kann man anfechten, wenn man ohne hinzusehen unterschrieben hat?

Nein, denn man hat sich in diesem Fall nicht im Sinne von § 119 Abs. 1 geirrt. Wer ohne näheres Hinsehen etwas unterschreibt, macht sich gar keine Vorstellungen über den Inhalt dieses Dokuments. Er irrt sich also nicht, er hatte nur eine andere Erwartung. Anders ist es dagegen, wenn eine arglistige Täuschung über den Inhalt vorliegt.

Wann liegt ein Eigenschaftsirrtum vor?

Relevante Eigenschaften im Sinne von § 119 Abs. 2 BGB sind nur solche Eigenschaften, die dauerhaft sind und den Wert der Sache bestimmen. Der Preis als solcher ist dagegen keine solche Eigenschaft.

Wer es falsch einschätzt, wie viel ein Gemälde auf dem Markt wert ist, irrt sich also nicht. Wer fälschlicherweise glaubt, dass ein Gemälde von Picasso stammt, irrt sich dagegen schon.

Was ist, wenn der Vertragspartner getäuscht hat?

Bei einer sogenannten arglistigen Täuschung (§ 123 BGB) hat einer der Vertragspartner den anderen getäuscht, was zu dessen Irrtum und in der Folge zum Vertragsabschluss geführt hat. Eine Schädigungsabsicht ist insoweit nicht notwendig.

Kann man anfechten, weil eine gekaufte Sache einen Mangel hat?

Wenn man die Sache bereits erhalten hat („Gefahrübergang"), so ist eine Anfechtung ausgeschlossen. Denn hier hat man die Gewährleistungsrechte, der Verkäufer muss also für den Mangel haften.

In dessen Rahmen kann der Käufer auch vom Mangel zurücktreten (was der Irrtumsanfechtung sehr ähnlich ist), aber nur, wenn die Voraussetzungen der §§ 440, 323 und 326 Abs. 5 BGB vorliegen – entweder, weil die korrekte Erfüllung unmöglich ist, oder wenn der Käufer erfolglos eine Frist zur Mängelbeseitigung gesetzt hat. Diese Regelung ist aber sehr viel passgenauer und berücksichtigt die gegenseitigen Interessen besser als die recht pauschale Anfechtung.

Kann man anfechten, wenn sich der Vertreter irrt?

Ja, in diesen Fällen wird auf den Irrtum des Vertreters abgestellt, § 166 Abs. 1 BGB:

> Soweit die rechtlichen Folgen einer Willenserklärung durch Willensmängel oder durch die Kenntnis oder das Kennenmüssen gewisser Umstände beeinflusst werden, kommt nicht die Person des Vertretenen, sondern die des Vertreters in Betracht.

Anfechtungsberechtigt ist aber der Vertretene, da ja nur ihm die Willenserklärung zugerechnet wird. Der Vertreter selbst wird dadurch nicht verpflichtet, er hat also kein Interesse daran, diese Erklärung aus der Welt zu schaffen.

Ist Schweigen anfechtbar?

Grundsätzlich ja, da Schweigen nicht stärker binden kann als Reden. Schließlich ist eine ausdrücklich getätigte Willenserklärung auch anfechtbar, also muss eine solche, die sich nur aus dem Nichtstun ergibt, ebenfalls vernichtbar sein.

Was allerdings nicht anfechtbar ist, ist ein Missverständnis darüber, dass das Schweigen etwas bedeutet. Wer nicht weiß, dass das Schweigen (ausnahmsweise) eine Erklärung darstellt, kann nicht mit dieser Begründung anfechten. Es handelt sich um einen bloßen Rechtsfolgenirrtum.

Ist eine Willenserklärung nichtig, wenn ein Anfechtungsgrund besteht?

Nein, nicht automatisch. Das Wort „anfechten" beinhaltet bereits, dass man selbst handeln muss. Man muss die Anfechtung erklären, und zwar entweder gegenüber dem Vertragspartner oder gegenüber einer anderen Person, die aus dem Vertrag einen Vorteil erlangt hat. Im Zweifel sollte man stets gegenüber allen in Betracht kommenden Personen die Anfechtung erklären.

Man darf also in einer Klausur keinesfalls die Nichtigkeit einer Willenserklärung annehmen, wenn keine Anfechtung erfolgt ist. In einer Klausur aus Anwaltssicht muss man immer daran denken, ggf. die Anfechtung zu erklären.

Innerhalb welcher Frist muss man anfechten?

Die Fristen für die Anfechtungserklärung ergeben sich aus § 121 Abs. 2 und § 124 Abs. 1 BGB:

- Bei Anfechtungsgründen, die auf der Seite des Anfechtenden liegen (Irrtum, falsche Übermittlung), muss die Anfechtung unverzüglich (also ohne schuldhaftes Zögern) nach Kenntniserlangung erfolgen.

- Bei Anfechtungsgründen, die auf der Seite des Vertragspartners liegen (Täuschung, Drohung), muss die Anfechtung innerhalb eines Jahres ab Entdeckung der Täuschung bzw. ab dem Ende der Bedrohung erfolgen.

In beiden Fällen gibt es noch eine Maximalfrist von zehn Jahren ab Abgabe der Willenserklärung (§§ 121 Abs. 2, 124 Abs. 3).

Was folgt aus einer Anfechtung?

Durch die Anfechtung wird die Willenserklärung nachträglich unwirksam, § 142 Abs. 1 BGB. Damit müssen bspw. die ausgetauschten Leistungen gemäß § 812 rückabgewickelt werden, da ihr Rechtsgrund entfallen ist. Wer selbst an seiner Anfechtung „schuld" ist, also bei Irrtum oder falscher Übermittlung, muss Schadenersatz leisten.

Was ist der Anspruch auf Ersatz des negativen Interesses?

Bei einer Anfechtung muss der Anfechtende dem Vertragspartner das sog. „negative Interesse" ersetzen. Das negative Interesse ist der Schaden, den der Vertragspartner dadurch erlitten hat, dass er auf den Vertrag vertraut hat. Er ist dann so zu stellen, als hätte er nie etwas von dem Vertrag gehört. Das umfasst:

- aufgewandte Kosten

- Verluste durch das Nichtzustandekommen eines anderen Geschäfts, das dieser sonst wahrgenommen hätte

Nicht umfasst davon ist das positive Interesse, also der Gewinn, den der Vertragspartner aus dem Geschäft erzielt hätte. Denn ansonsten wäre die Anfechtung sinnlos. Dementsprechend kann das negative Interesse auch nie höher sein als das positive Interesse – wer mehr Kosten aufwenden muss als er aus dem Geschäft profitiert, hätte ohnehin draufgezahlt.

NICHTIGKEIT

Wann verstößt ein Geschäft gegen § 134 BGB?

Diese Vorschrift wird oft missverstanden. Es ist nicht so, dass sich aus § 134 BGB ergibt, wann ein Geschäft verboten ist. Wenn man den Wortlaut genau liest, merkt man dies auch:

> Ein Rechtsgeschäft, das gegen ein gesetzliches Verbot verstößt, ist nichtig, wenn sich nicht aus dem Gesetz ein anderes ergibt.

Tatbestandsvoraussetzung ist also der Verstoß gegen ein Gesetz. Dieses Gesetz muss aber ein anderes Gesetz sein als § 134 BGB, denn diese Vorschrift regelt nur, was zivilrechtlich passiert, wenn man gegen ein Gesetz verstößt.

Beispiel: Wer einen anderen dafür bezahlt, dass er einem Dritten ein Messer in den Bauch rammt, verstößt gegen das Strafgesetzbuch (Anstiftung zur Körperverletzung, §§ 223 und 26 StGB). Der entsprechende Vertrag ist darum gemäß § 134 BGB nichtig. Wenn aber Eltern einen Arzt bezahlen, damit er eine Operation an ihrem Kind vornimmt, verstößt dies nicht gegen das Strafgesetzbuch, weil eine rechtfertigende Einwilligung vorliegt, die die Strafbarkeit wegen Körperverletzung entfallen lässt (§ 228). Der Behandlungsvertrag ist also nicht gemäß § 134 nichtig.

§ 134 entscheidet also nicht, was verboten ist, sondern nur, was passiert, wenn etwas verboten ist.

Welche Verstöße machen ein Geschäft gemäß § 134 BGB nichtig?

§ 134 ordnet die Nichtigkeit nur an, wenn sich dies aus dem Zweck des Gesetzes ergibt:

> Ein Rechtsgeschäft, das gegen ein gesetzliches Verbot verstößt, ist nichtig, wenn sich nicht aus dem Gesetz ein anderes ergibt.

Dies muss man daher für jede Verbotsnorm einzeln betrachten und zudem noch die Umstände des Einzelfalls heranziehen.

Grundsätzlich gilt:

- Bloße Ordnungsvorschriften, also Regelungen zur Art und Weise eines Geschäfts sowie bürokratische Auflagen (z.B. Ausschank in der Sperrstunde), führen nicht zur Nichtigkeit.

- Einseitige Verbote, die sich also nur an eine der Vertragsparteien richten (z.B. unerlaubte Rechtsberatung), lassen das Geschäft ebenfalls bestehen.

- Beiderseitige Verbote (z.B. die Anstiftung zu einer Straftat) bedeuten dagegen in der Regel Nichtigkeit.

Was ist Wucher?

Wucher ist Unterfall der Sittenwidrigkeit. § 138 Abs. 2 sagt:

> Nichtig ist insbesondere ein Rechtsgeschäft, durch das jemand unter Ausbeutung der Zwangslage,

> der Unerfahrenheit, des Mangels an
> Urteilsvermögen oder der erhebli-
> chen Willensschwäche eines anderen
> sich oder einem Dritten für eine
> Leistung Vermögensvorteile ver-
> sprechen oder gewähren lässt, die
> in einem auffälligen Missverhält-
> nis zu der Leistung stehen.

Es reicht also nicht allein, dass der Preis zu hoch ist – in einer freien Wirtschaftsordnung kann jeder selbst entscheiden, wie viel ihm etwas wert ist. Die Preisüberhöhung muss vielmehr gerade eine Unfreiheit des Anderen (Zwang, Unerfahrenheit etc.) ausnutzen.

Ein auffälliges Missverhältnis zur Leistung besteht in der Regel, wenn die Gegenleistung mindestens 100 % über dem Wert der Leistung liegt, wenn also der doppelte Kaufpreis, die doppelte Monatsmiete, der doppelte Zinssatz etc. verlangt wird.

Was ist ein wucherähnliches Geschäft?

Dabei handelt es sich um ein Geschäft, das nicht die Voraussetzungen des Wuchers erfüllt, weil keine Ausnutzung eines Defizits beim Vertragspartner vorliegt. Allerdings muss stattdessen eine „verwerfliche Gesinnung" vorliegen, die ab dem doppelten Preis des normalen Werts vermutet wird, aber widerlegt werden kann.

Was ist eine anfängliche Übersicherung?

Hat jemand eine viel zu hohe Sicherheit verlangt (z.B. für

einen Kleinkredit die Sicherungsübereignung eines ganzen Fuhrparks), spricht man von einer anfänglichen Übersicherung. Diese ist insgesamt sittenwidrig, also nicht nur die Sicherungsabrede, sondern auch die Sicherungsübereignung; das Eigentum bleibt also beim Sicherungsgeber, in der Regel dem Kreditnehmer.

Anders ist dies dagegen bei der nachträglichen Übersicherung.

Was ist eine nachträgliche Übersicherung?

Im Gegensatz zur anfänglichen Übersicherung war die Sicherungsabrede bei der nachträglichen Übersicherung zunächst angemessen (z.B. Sicherungsübereignung mehrerer Autos für einen großen Geschäftskredit). Später war dieser Umfang an Sicherheiten aber nicht mehr nötig, weil der Kredit teilweise abbezahlt wurde. In diesen Fällen liegt keine Sittenwidrigkeit und damit Nichtigkeit vor, sondern die Sicherungsabrede wird so interpretiert, dass ein Freigabeanspruch des Sicherungsgebers bzgl. der nicht mehr nötigen Sicherheiten besteht. Die Übersicherung wird also auf das notwendige Maß zurückgeführt.

Was ist das Schikaneverbot?

§ 226 verbietet es, ein bestehendes Recht nur auszuüben, um einen anderen zu schikanieren:

```
Die Ausübung eines Rechts ist un-
zulässig, wenn sie nur den Zweck
haben kann, einem anderen Schaden
zuzufügen.
```

Solche Schikanen sind grundsätzlich Einzelfälle, der Palandt listet hier verschiedene Beispiele auf. Darunter fallen unter anderem:

- eine Vertragsklausel, nach der die geschuldete Summe ohne ersichtlichen Grund persönlich und in bar bezahlt werden muss

- einschneidende Vollstreckungsmaßnahmen wegen Schulden im Cent-Bereich

- das Verbot, die Grabstätte eines Verwandten aufzusuchen

- die Anhängigmachung identischer Verfahren bei verschiedenen Gerichten

- eine Unterlassungsklage wegen Ruhezeitüberschreitung um wenige Sekunden

Dies hat zur Folge, dass die schikanös geltend gemachte Forderung unzulässig ist, sie wird also gegenstandslos. Allerdings erlischt damit nicht das gesamte Recht; im ersten Beispielsfall bleibt man also verpflichtet, das Geld wenigstens per Überweisung zu bezahlen, im letzten Fall muss man sich weiterhin an die Ruhezeiten halten.

Wann ist ein Geschäft sittenwidrig?

Sittenwidrigkeit wird definiert als ein Verstoß gegen das Anstandsgefühl aller „billig und gerecht Denkenden". Es muss sowohl objektiv als auch subjektiv vorliegen. Der Vertragsschließende muss also die Sittenwidrigkeit kennen; dies wird aber grundsätzlich vermutet und eine Unkenntnis müsste bewiesen werden.

Insbesondere ist ein wucherisches Rechtsgeschäft nichtig.

Was ist bei Sittenwidrigkeit alles nichtig?

Man muss grundsätzlich zwischen dem Verpflichtungs- und dem Verfügungsgeschäft unterscheiden (Trennungs- und Abstraktionsprinzip). Wird bspw. eine Sache wucherisch verkauft, so bezieht sich dies nur auf das Verpflichtungsgeschäft, also den Kaufvertrag, der Leistung und Gegenleistung festlegt. Das Verfügungsgeschäft, also die Übereignung der gekauften Sache vom Verkäufer an den Käufer, ist dagegen neutral, weil der Preis insoweit keine Rolle spielt. Daher bleibt das Eigentum zunächst beim Käufer, auch, wenn der Kaufvertrag nichtig ist. Er kann die Sache lediglich zurückverlangen, weil er sie ohne Rechtsgrund übereignet hat (§ 812 Abs. 1 BGB). Ist die Sache aber bereits weiterverkauft worden, hat er das Eigentum endgültig verloren.

VERTRÄGE

Wie kommt ein Vertrag zustande?

In unserer Gesellschaft herrscht Vertragsfreiheit. Jeder hat das Recht, selbst darüber zu entscheiden, ob und mit welchem Inhalt er einen Vertrag schließen will. Daher müssen bei einem Vertrag alle Beteiligten einverstanden sein, genau diesen Vertrag zu schließen. Eine solche Erklärung nennt man Willenserklärung.

Idealtypisch gibt es zwei Willenserklärungen, den Antrag und die Annahme (§§ 145 und 146 BGB). Der Antrag beinhaltet also sämtliche Vertragsbedingungen (mindestens jedoch die essentialia negotii), die Annahme besteht nur noch aus einer Zustimmung hierzu. In der Realität lassen sich diese Willenserklärungen meistens nicht derart scharf abgrenzen, gerade bei komplexeren Verträgen gehen oft intensive Verhandlungen voraus.

Dabei ist zu beachten, dass eine Annahme mit „Ja, aber…" juristisch gesehen eine Ablehnung der Antrags, verbunden mit einem neuen Antrag ist. (§ 150 Abs. 2) Dadurch wechseln also die Rollen von Antragendem und Annehmenden unter Umständen mehrfach hin und her.

Was ist ein versteckter Einigungsmangel?

Beim versteckten Einigungsmangel (Dissens) haben die Parteien geglaubt, alles Bedeutende geregelt zu haben, tatsächlich aber noch irgendeinen Punkt offengelassen. In der Praxis kommt dies meistens dadurch zustande, dass man mit einer bestimmten

Vertragsklausel etwas Unterschiedliches gemeint hat.

Für diese Fälle legt § 155 BGB fest, dass der Vertrag nur dann als geschlossen gilt, „sofern anzunehmen ist, dass der Vertrag auch ohne eine Bestimmung über diesen Punkt geschlossen sein würde". Dafür muss aber eine übereinstimmende Regelung wenigstens der essentialia negotii erfolgt sein. Anstelle des nicht-geregelten Punkts gilt dann die gesetzliche Regelung.

Ist dagegen anzunehmen, dass zumindest eine Partei den Vertrag ohne diese Regelung überhaupt nicht gewollt hätte, liegt überhaupt kein Vertrag vor.

Was ist ein offener Einigungsmangel?

Der offene Einigungsmangel (Dissens) ist in § 154 Abs. 1 Satz 1 BGB geregelt:

> Solange nicht die Parteien sich über alle Punkte eines Vertrags geeinigt haben, über die nach der Erklärung auch nur einer Partei eine Vereinbarung getroffen werden soll, ist im Zweifel der Vertrag nicht geschlossen.

Hier wissen die Parteien, dass sie keine Einigung erzielt haben. Damit hilft auch eine Einigung über die essentialia negotii nicht weiter, da die Parteien eben noch Weiteres klären wollten, sich insofern aber nicht einig geworden sind. Damit kann man ihnen auch keinen Vertrag über den Minimalkonsens aufzwingen.

Satz 2 regelt zudem, dass auch aus der Einigung über einzelne Punkte keine Rechte und Pflichten hergeleitet werden können.

Was ist eine ergänzende Vertragsauslegung?

Eine ergänzende Vertragsauslegung findet dann statt, wenn die „normale" Vertragsauslegung zu keinem Ergebnis führt. Bei der normalen Auslegung wird danach gefragt, was die Parteien vereinbaren wollten – auch, wenn sie sich möglicherweise missverständlich ausgedrückt haben. Die ergänzende Vertragsauslegung fragt dagegen nach dem hypothetischen Parteiwillen, also danach, was die Vertragspartner vereinbart hätten, wenn sie an dieses Problem gedacht hätten.

Wenn es insofern eine gesetzliche Regelung gibt, muss diese nicht unbedingt herangezogen werden. Ist klar, dass die Parteien eigentlich eine andere Vertragsklausel gewollt hätten, so kann der hypothetische Parteiwille trotzdem Vorrang genießen. Allerdings wird derjenige, für den die gesetzliche Anordnung günstig ist, im Zweifel behaupten, die Parteien hätten genau diese gewollt und deswegen nichts Abweichendes vereinbart.

Was ist ein typengemischter Vertrag?

Das BGB normiert viele Vertragstypen, die wichtigsten sind wohl der Kaufvertrag, der Werkvertrag, der Dienstvertrag und der Mietvertrag. Auch die Schenkung (die man wohl landläufig nicht als Vertrag ansehen würde), der Auftrag oder die Bürgschaft spielen eine erhebliche Rolle im täglichen Leben. Und dann gibt es noch Exoten wie die Auslobung, die Leibrente oder das Sachdarlehen.

Daneben ist aber grundsätzlich jedes Geschäft nach den Regeln des BGB abschließbar.

Ein typengemischter Vertrag ist ein solcher, der Elemente verschiedener Standard-Vertragstypen kombiniert. So ist ein Beherbergungsvertrag mit einem Hotel in der Regel ein miet-, dienst- und kaufrechtlicher Vertrag, dessen verwahrungsrechtlicher Teil eine Sonderregelung in §§ 701 bis 704 gefunden hat. Ein Bewirtungsvertrag mit einem Restaurant unterliegt hinsichtlich des Essen dem Kaufrecht, hinsichtlich des Services dem Dienstrecht; ob im Bezug auf den Tisch vielleicht auch Mietrecht anzuwenden ist, ist zumindest überlegenswert.

Dies bedeutet, dass das Recht verschiedener Vertragstypen zu kombinieren ist (Kombinationstheorie) und bei der Nichterfüllung von Vertragspflichten immer danach zu fragen ist, welches Recht auf die verletzte Pflicht anzuwenden ist. Schüttet die Kellnerin also dem Gast die heiße Suppe über den Kopf, dann hat das mit dem gekauften Essen nichts zu tun, sondern ist Teil des Dienstvertrags (siehe oben) und dessen Haftungsregelungen.

Ist ein Vertragsteil keinem normierten Vertragstyp zuzuordnen, handelt es sich insoweit um einen atypischen Vertrag.

Kann man einen Vertrag auch ohne Willenserklärung schließen?

Das kommt darauf an, was mit „ohne Willenserklärung" gemeint ist. Grundsätzlich bedarf jeder Vertrag zweier übereinstimmender Willenserklärungen. Niemand kann ohne eine entsprechende Erklärung seinerseits in einem Vertrag gezwungen werden. Allerdings muss diese Willenserklärung nicht immer ausdrücklich in dem Sinne erfolgen, dass derjenige explizit sagt „Ich möchte diesen Vertrag abschließen".

Auch schlüssiges Verhalten kann eine sogenannte konkludente Erklärung beinhalten. Wer im Supermarkt ein Pfund Butter auf das Kassenband legt, erklärt damit, dieses Produkt zum ausgezeichneten Preis kaufen zu wollen. Die Kassiererin erklärt durch das Einscannen, das Produkt namens des Supermarktbetreibers zum im Kassensystem gespeicherten Preis verkaufen zu wollen. Sollten sich beide Preise nicht treffen (z.B. wegen eines Auszeichnungsfehlers), kommt kein Vertrag zustande.

Auch, wer sich einfach ohne Eintrittskarte ins Kino setzt oder das Schwimmbad betritt, schließt so einen Vertrag. Ebenso, wer auf einem kostenpflichtigen Parkplatz sein Auto abstellt oder in einer Selbstbedienungs-Bäckerei Brot aus dem Regal nimmt.

Irrelevant ist es daher auch, wenn man erklärt, den Vertrag gar nicht abschließen zu wollen (protestatio facto contraria), denn der Vertrag kommt alleine durch den Erklärungswert der Handlung zustande.

Wie kommt ein Vertrag bei einer Internet-Versteigerung zustande?

Dass es sich bei einer Versteigerung über Internet-Plattformen nicht um eine Versteigerung im Sinne des § 156 BGB handelt, haben wir bereits ausgeführt. Aber wie erklärt man nun die Tatsache, dass ein einzelnes Angebot zu einem unbestimmten Preis besteht, zu dem verschiedene Annahmeerklärungen zu verschiedenen Preisen abgegeben werden, und am Schluss dass ein Vertragsschluss zwischen zwei Parteien zustande kommt?

Hierfür gibt es verschiedene Ansätze:

Man könnte zum Beispiel sagen, dass das Einstellen der Auktion auf die Plattform ein Angebot ist, mit dem am Ende der Auktion Höchstbietenden einen Kaufvertrag zum Höchstgebot zu schließen. Die Abgabe eines Gebots wäre dann die Annahme dieses Angebots unter der Bedingung, schlussendlich Höchstbietender zu sein. (Diese Einschränkung wäre unter Umständen nicht einmal nötig, da das Angebot ja von Vornherein nur auf eine mögliche Annahmeerklärung gerichtet ist.) Wird die Auktion vorzeitig abgebrochen, so tritt das Ende der Auktion eben früher ein, was also lediglich Auswirkungen auf den Zeitpunkt hat, an dem das Höchstgebot festgestellt wird. Der Vertrag wird also in dem Moment abgeschlossen, in dem die Auktion zu Ende ist.

Einer anderen Ansicht folgt die Rechtsprechung. Danach kommt bereits mit Abgabe des Gebots ein Vertrag zustande, da der Bieter erklärt, das Angebot zum von ihm gebotenen Preis anzunehmen. Dieser Vertrag steht jedoch unter der auflösenden Bedingung eines höheren Gebots. Es werden also laufend Verträge abgeschlossen, die dann oft schon wenige Sekunden später wieder erlöschen. § 158 Abs. 2 sagt hierzu:

Wird ein Rechtsgeschäft unter einer auflösenden Bedingung vorgenommen, so endigt mit dem Eintritt der Bedingung die Wirkung des Rechtsgeschäfts; mit diesem Zeitpunkt tritt der frühere Rechtszustand wieder ein.

Bei einem vorzeitigen Abbruch kommt es also nicht mehr zum Eintritt der auflösenden Bedingung und die Wirkung des Vertragsschlusses bleibt bestehen.

Kommt bei einem Online-Shop ein Kaufvertrag durch meinen Klick zustande?

Nein, das Aufführen eines Produkts im Online-Shop ist nur eine invitatio ad offerendum. Man gibt also durch seine „Bestellung" lediglich ein Angebot ab, einen Vertrag über die Ware bzw. Leistung schließen zu wollen. Der Shopbetreiber kann sich dann entscheiden, ob er das Angebot annimmt oder nicht. Die Annahmeerklärung (und mit ihr der Vertragsschluss) liegt dann in einer Bestätigungs-Mail oder – je nach Vertragsgestaltung – erst im Versand der Ware.

Sind Internet-Versteigerung auch Versteigerungen gemäß § 156 BGB?

Vom Wortlaut des § 156 könnte man das meinen:

```
Bei einer Versteigerung kommt der
Vertrag erst durch den Zuschlag
zustande. Ein Gebot erlischt, wenn
ein Übergebot abgegeben oder die
Versteigerung ohne Erteilung des
Zuschlags geschlossen wird.
```

Das würde bedeuten, dass der Vertrag erst dann besteht, wenn der Versteigerer das Höchstgebot angenommen, also den Zuschlag erteilt hat. Dementsprechend wäre die Online-Versteigerung nicht bindend und der Verkäufer könnte bei einem zu geringen Preis einfach den Verkauf verweigern. Tatsächlich handelt es sich bei einem Geschäft über eBay und ähnliche Anbieter aber um einen ganz normalen Kaufvertrag, der über übereinstimmende Willenserklärungen zustande kommt. Der Verkäufer ist dabei an sein Verkaufsangebot gebunden, genau wie der Käufer an sein Gebot.

Muss man Nutzungsbedingungen beachten, die man erst nach dem Auspacken findet?

Man kennt die Situation insbesondere von Software: Nach Öffnen des Kartons sieht man auf einmal eine Liste von Vertragsbestimmungen, teilweise Endbenutzerlizenzvertrag (End User Licence Agreement, EULA) genannt. Muss man diese nun einhalten? Erklärt man sich evtl. ohnehin bereit, diese Klauseln einzuhalten, wenn man die Software benutzt?

Grundsätzlich weder noch. Durch den Kauf eines Programms erwirbt man auch das Recht, dieses Programm zu nutzen – sonst wäre der Kauf ja sinnlos. Der Kauf kommt durch zwei übereinstimmende Willenserklärungen zustande (die der Verkäufers und des Käufers) und der Vertrag hat den Inhalt dieser Willenserklärungen: Der Käufer erhält das Eigentum und der Verkäufer dafür den Kaufpreis.

Wenn der Hersteller dann noch seine eigenen Vertragsbedingungen hinterherschieben will, ist das nicht relevant. Der Hersteller ist schon keine Vertragspartei und der Verkäufer hat zu keinem Zeitpunkt geäußert, dass er den EULA der Herstellers zum Vertragsteil machen will.

Muss man Nutzungsbedingungen gekaufter Software beachten, wenn man deren Geltung bei der Installation bestätigt?

Nein. Der geschlossene Kaufvertrag über Software berechtigt zur Nutzung der Software. Dieses Recht besteht allein aufgrund des Vertrags und kann nicht von der rechtsgeschäftlichen Bestätigung weiterer Bedingungen abhängig gemacht werden. Wenn man also auf eine Schaltfläche der Art „Lizenzbedingungen bestätigen" klicke oder einen Haken an einem entsprechenden Textfeld setzen muss, ist das ohne Bedeutung. Damit wird keine Willenserklärung abgegeben.

Anders kann es dagegen bei kostenloser Software sein.

Muss man Nutzungsbedingungen kostenloser Software beachten, wenn man deren Geltung bei der Installation bestätigt?

Grundsätzlich ja. Im Gegensatz zu gekaufter Software kommt bei kostenlos heruntergeladenen Programmen zunächst noch kein Vertrag über die Nutzung der Software zusammen. Dieser Vertrag wird regelmäßig erst geschlossen, wenn die Software installiert wird. Daher ist in diesem Moment ein Vertragsschluss durchaus möglich und die Zustimmung zu diesen Bedingungen ist als Willenserklärung zu klassifizieren.

Dies gilt freilich nur bei wirklich kostenloser Software. Die vielen Programmen, die mittlerweile bei allen möglichen elektronischen Geräten mitgeliefert wird, wird zwar gern als kostenlos bezeichnet, ist aber keinesfalls geschenkt. Wenn ich sie brauche, um das Gerät ordnungsgemäß betreiben zu können, ist sie Teil des Kaufvertrags und dient damit nur der Erfüllung der Vertragspflichten des Verkäufers.

Muss man Nutzungsbedingungen gekaufter Software beachten, wenn auf diese auf der Packung hingewiesen wird?

Nein. Dieser Hinweis der Art „Nutzungsbedingungen liegen bei" könnte zwar so zu verstehen sein, dass der Verkäufer den Kaufvertrag nur unter der Maßgabe schließt, dass die vom Hersteller vorgegebenen Bestimmungen Teil dieses Vertrags werden. Ob dies tatsächlich der Wille des Verkäufers ist, darf grundsätzlich bezweifelt werden. Er müsste diesen Willen vor Vertragsschluss (also vor Kauf an der Kasse) auch in irgendeiner Form äußern; der vom Hersteller angebrachte Hinweis auf der Packung sagt jedenfalls nichts über die Absicht der Verkäufers aus.

Sogar, wenn man davon ausgeht, dass dies trotzdem der Fall ist, würden diese Bestimmungen nicht Teil des Vertrags. Es handelt sich dabei um Allgemeine Geschäftsbedingungen, da sie in großer Zahl verwendet werden. Sie unterliegen damit der AGB-Kontrolle des §§ 305 bis 310 BGB. Und § 305 Abs. 2 BGB legt insoweit die Voraussetzungen für eine Einbeziehung fest:

```
Allgemeine Geschäftsbedingungen
werden nur dann Bestandteil eines
Vertrags, wenn der Verwender bei
Vertragsschluss
1. die andere Vertragspartei aus-
drücklich oder, wenn ein ausdrück-
```

```
licher Hinweis wegen der Art des
Vertragsschlusses nur unter unver-
hältnismäßigen Schwierigkeiten
möglich ist, durch deutlich sicht-
baren Aushang am Ort des Vertrags-
schlusses auf sie hinweist und
2. der anderen Vertragspartei die
Möglichkeit verschafft, in zumut-
barer Weise, die auch eine für den
Verwender erkennbare körperliche
Behinderung der anderen Vertrags-
partei angemessen berücksichtigt,
von ihrem Inhalt Kenntnis zu neh-
men,
und wenn die andere Vertragspartei
mit ihrer Geltung einverstanden
ist.
```

In aller Regel fehlt es sowohl am deutlichen Hinweis als auch an der Möglichkeit, sich über den Inhalt der AGB zu informieren. Im Endeffekt müsste der Verkäufer also die EULA jedes einzelnen Programms aushängen.

Wann kann man einen Anspruch verwirklichen?

Ein Recht zu haben, ist grundsätzlich gut. Aber es bedeutet noch lange nicht, dass man auch wirklich zu seinem Recht kommen. Dazu müssen drei Voraussetzungen zu bejahen sein:

Der Anspruch ist entstanden. Die Anspruchsgrundlage zu finden, ist meist nicht so schwierig. Fraglicher ist schon, ob nicht eine rechtshindernde Einwendung vorliegt. Dies ist bspw. der

Fall, wenn ein Formmangel vorliegt (§ 134 BGB), das Geschäft wucherisch ist (§ 138 Abs. 2) oder die notwendige Zustimmung eines Dritten fehlt (§ 182 BGB).

Der Anspruch ist nicht untergegangen. Ein Anspruch entfällt nachträglich, wenn z.B. ein geschlossener Vertrag angefochten wird (§ 142 Abs. 1), ein Vertrag gekündigt wird (z.B. § 314) oder der Anspruch bereits erfüllt wurde (§ 362 BGB).

Der Anspruch ist durchsetzbar. Der bestehende Anspruch ist nicht durchsetzbar und damit zumindest vorübergehend wertlos, wenn ihm eine rechtshemmende Einwendung oder Einrede entgegensteht. Dazu gehört bspw. das Zurückbehaltungsrecht (§ 273), die Einrede des nicht erfüllten Vertrags (§ 320 Abs. 1 BGB) oder die Berufung auf Verjährung (§ 214 BGB).

Aber auch ein entstandener und noch immer bestehender, durchsetzbarer Anspruch ist natürlich nur dann zu verwirklichen, wenn der Schuldner leistungsfähig – in den meisten Fällen also zahlungsfähig – ist.

Ab wann können Zinsen verlangt werden?

Der Zinslauf beginnt analog § 187 Abs. 1 BGB erst mit dem Tag nach dem die Verzinsung auslösenden Ereignis, also am Tag nach dem Eintritt des Verzugs bzw. der Klageerhebung.

Was ist die Erlassfalle?

Bei der Erlassfalle wird zur Begleichung einer hohen Schuld ein Scheck über einen geringen Teilbetrag übergeben, in den Verwendungszweck aber „Zur Begleichung aller Verbindlichkeiten" oder etwas ähnliches geschrieben. Das soll den Abschluss eines Erlassvertrags anbieten, den der Gläubiger durch Einlösung des Schecks annimmt. Er erhält dann also den Wert des Schecks, verzichtet aber auf sämtliche anderen Ansprüche. Dem ist sich der Gläubiger meist nich bewusst, darum stellt dies eine „Falle" dar.

Ob der Erlassvertrag so tatsächlich zustande kommt, ist strittig und einzelfallabhängig.

STELLVERTRETUNG

Was ist ein Stellvertreter?

Ein Stellvertreter gibt eine eigene Willenserklärung ab, die für und gegen einen anderen wirkt. Dagegen übermittelt ein Bote eine fremde Willenserklärung, er fungiert also nur als Übermittler.

Bei der Stellvertretung gibt es drei Grundprinzipien:

- Nach dem Repräsentationsprinzip handelt nur der Vertreter, nicht aber der Vertretene. Relevant sind nur die Erklärungen des Vertreters.

- Das Offenheitsprinzip sieht vor, dass der Vertreter deutlich zeigen muss, dass er nicht für sich, sondern für den Vertretenen handelt.

- Das Abstraktionsprinzip besagt, dass die Vollmacht vom Innenverhältnis unabhängig ist, sie also gegenüber anderen Personen auch dann besteht, wenn bspw. das Angestelltenverhältnis beendet ist.

Die aktive Stellvertretung betrifft die Abgabe von Willenserklärungen, die passive deren Empfang. Auf Mitteilungen, die keine Willenserklärungen sind (geschäftsähnliche Handlungen), also z.B. Mahnungen, Fristsetzungen oder andere Erklärungen, finden die Vorschriften über die Stellvertretung analoge Anwendung.

Was ist ein Wissensvertreter?

Ein Wissensvertreter ist eine Person, deren Wissen (z.B. die

Kenntnis von Mängeln oder der Unrichtigkeit des Grundbuchs) sich der Vertretene zurechnen muss. Er kann sich also nicht darauf berufen, er selbst habe etwas nicht gewusst, wenn der von ihm eingesetzte Gehilfe dieses Wissen hatte.

Beispiele für Wissensvertreter sind der Versicherungsvertreter, der Schalterangestellte einer Bank oder in gewissen Fällen auch die Sekretärin.

Bei einem „richtigen" Vertretung, also einer Person mit Vertretungsmacht für und gegen den Vertretenen, braucht es den Umweg über den Wissensvertreter nicht, da dessen Wissen unmittelbar über § 166 Abs. 1 BGB dem Vertretenen zugerechnet wird. Der Wissensvertreter wird also im Hinblick auf die Kenntnis dem rechtsgeschäftlichen Vertreter gleichgestellt.

Was ist ein Gesamtvertreter?

Gesamtvertreter sind nicht etwa Vertreter, die besonders viel dürfen, also insgesamt zuständig wären. Im Gegenteil, so bezeichnet man Personen, die für sich allein genommen überhaupt keine Vertretungsmacht haben, sondern nur zusammen handeln dürfen. Eine Vertretungshandlung ist also nur gültig, wenn sie alle die gleiche Willenserklärung abgegeben haben. Dies kann entweder in der Bevollmächtigung so bestimmt werden oder sich aus gesetzlichen Vorschriften ergeben, z.B. § 48 Abs. 2 HGB für Gesamtprokuristen oder § 35 Abs. 2 GmbHG für die Geschäftsführer einer GmbH.

Willenserklärungen gegenüber dem Vertretenen (passive Stellvertretung) sind aber bereits gültig, wenn sie gegenüber einem der Gesamtvertreter abgegeben werden. Dies folgt als § 26

Abs. 2 Satz 2 BGB, der zwar nach seiner Stellung nur für Vereinsvorstände gilt, aber allgemein auf alle ähnlichen Vertretungsgremien angewandt wird.

Woraus ergibt sich, dass Eltern für ihr Kind handeln dürfen?

Dieses Handeln ist nur eine ganz normale Form der Vertretung. § 1629 BGB regelt dies so:

> Die elterliche Sorge umfasst die Vertretung des Kindes. Die Eltern vertreten das Kind gemeinschaftlich; ist eine Willenserklärung gegenüber dem Kind abzugeben, so genügt die Abgabe gegenüber einem Elternteil. Ein Elternteil vertritt das Kind allein, soweit er die elterliche Sorge allein ausübt oder ihm die Entscheidung nach § 1628 übertragen ist.

Grundsätzlich müssen also immer beide Eltern zusammen handeln. Davon gibt es Ausnahmen:

- Da dies in vielen Fällen völlig unpraktisch wäre, wird häufig eine stillschweigende Bevollmächtigung beider Elternteile zur jeweiligen Alleinvertretung für geringfügige Angelegenheiten angenommen.

- Für Alleinerziehende kann dies sowieso nicht gelten, siehe obiger Satz 3.

- Leben Eltern getrennt, steht ihnen aber die elterliche Sorge gemeinsam zu, sieht § 1687 Abs. 1 Ausnahmen vom Erfordernis des Zusammenwirkens vor.

- Verwitwete Elternteile können natürlich allein entschieden, § 1680 Abs. 1

Wer vertritt das Kind, wenn die Eltern getrennt leben?

Bei Getrenntleben der Eltern kann die elterliche Sorge grundsätzlich einem der beiden Elternteile allein übertragen werden. Dann entscheidet dieser auch gemäß § 1629 Abs. 1 Satz 3 alleine über alle geschäftlichen Angelegenheiten des Kindes.

Bleibt die elterliche Sorge dagegen – egal, ob vor oder nach einer eventuellen Scheidung – bei beiden Eltern gemeinsam bestehen, müssen sie weiterhin bei allen Entscheidungen grundsätzlich beide zustimmen, wie § 1687 Abs. 1 Satz 1 noch einmal klarstellt:

```
Leben Eltern, denen die elterliche
Sorge gemeinsam zusteht, nicht nur
vorübergehend getrennt, so ist bei
Entscheidungen in Angelegenheiten,
deren Regelung für das Kind von
erheblicher Bedeutung ist, ihr ge-
genseitiges Einvernehmen erforder-
lich.
```

Weil dies in Praxis häufig Schwierigkeiten mit sich bringen würde, gibt es dazu eine bedeutende Ausnahme:

> Der Elternteil, bei dem sich das
> Kind mit Einwilligung des anderen
> Elternteils oder auf Grund einer
> gerichtlichen Entscheidung gewöhn-
> lich aufhält, hat die Befugnis zur
> alleinigen Entscheidung in Ange-
> genheiten des täglichen Lebens.
> Entscheidungen in Angelegenheiten
> des täglichen Lebens sind in der
> Regel solche, die häufig vorkommen
> und die keine schwer abzuändernden
> Auswirkungen auf die Entwicklung
> des Kindes haben.

„Angelegenheiten des täglichen Lebens" sind also die Geschäfte, die man regelmäßig trifft und die keine große Bedeutung
haben, also z.B. der Kinobesuch oder der Kauf eines Computer-
spiels. In dieser Hinsicht ist es sicher folgerichtig, sie dem zu
überlassen, bei dem das Kind auch sein „tägliches Leben" ver-
bringt. Größere Entscheidungen (z.B. der Abschluss eines Bau-
sparvertrags, die Wahl der Schule, der Abschluss eines Arbeits-
vertrags oder der Kauf eines Autos) bleiben dagegen beiden Eltern vorbehalten.

Was ist die Schlüsselgewalt?

Der Begriff hört sich recht brutal an, tatsächlich meint „Gewalt" hier so viel wie „Befugnis", genauer „Vertretungsmacht".
Geregelt ist die Schlüsselgewalt in § 1357 Abs. 1 BGB:

> Jeder Ehegatte ist berechtigt, Ge-
> schäfte zur angemessenen Deckung

> des Lebensbedarfs der Familie mit Wirkung auch für den anderen Ehegatten zu besorgen. Durch solche Geschäfte werden beide Ehegatten berechtigt und verpflichtet, es sei denn, dass sich aus den Umständen etwas anderes ergibt.

Es handelt sich dabei also um die Befugnis, für die gesamte Familie etwas zu besorgen. Dadurch werden stets beide Ehegatten Vertragspartner, weil der einzelne Ehepartner eben tatsächlich nicht nur für sich gekauft hat. Im Gegensatz zu § 164 Abs. 1 Satz 1 BGB muss aber nicht offengelegt werden, dass man (auch) für den anderen handelt. Die Vertretungswirkung tritt automatisch ein.

Was sind „Geschäfte zur angemessenen Deckung des Lebensbedarfs der Familie"?

Die Schlüsselgewalt gemäß § 1357 BGB bezieht sich nur auf „Geschäfte zur angemessenen Deckung des Lebensbedarfs der Familie". Nur bei diesen werden beide Ehegatten gleichermaßen berechtigt und verpflichtet, auch, wenn nur einer von ihnen handelt.

Derartige Alltagsgeschäfte sind nach der Rechtsprechung solche, die im Rahmen der Lebensführung und Bedürfnisbefriedigung dieser konkreten Familie üblich sind. Dies sind der tägliche Einkauf im Supermarkt oder sämtliche üblichen Anschaffungen für die Kinder, es können aber auch ganz hochpreisige Geschäfte sein: Reisen, Kredite, das Auto für die Familie (nicht dagegen für den Beruf eines Ehegatten) oder Versicherungen.

Nicht darunter fallen allerdings Maßnahmen der Vermögensbildung, da diese nicht den Lebensbedarf decken, sondern ihn auf Dauer erhöhen sollen. Auch die Zustimmung zu einem Mieterhöhungsverlangen des Vermieters gehört nicht dazu.

Muss der Vertragspartner bei der Schlüsselgewalt wissen, dass eine Ehe besteht?

Nein, die Wirkung tritt automatisch ein. Seine Kenntnis ist keine Voraussetzung.

Was ist ein „Geschäft für den, den es angeht"?

Bei einem solchen Geschäft handelt es sich um eine nicht offengelegte Vertretung, meist bei einem Kaufvertrag. Der (vermeintliche) Käufer kauft also etwas ein und sagt an der Kasse nicht, dass er diese Sache für einen anderen kaufen möchte. Damit müsste nach § 164 Abs. 1 Satz 1 BGB nur der Kaufende selbst Vertragspartei werden, da er seine Willenserklärung nicht „im Namen des Vertretenen" abgegeben hat.

Trotzdem sind die Grundsätze der Stellvertretung hier anwendbar, da man ein stillschweigendes Einverständnis des Verkäufers mit dieser Vertretungsregelung annimmt: Dem Supermarkt ist es egal, für wen die gekaufte Dosensuppe bestimmt ist. Und wenn dann jemand anderes als der damalige Käufer die Sache reklamiert, wird der Supermarkt dessen Rechte genauso erfüllen wie wenn er selbst an der Kasse gestanden hätte. Umgekehrt wäre es schlichtweg seltsam, wenn man beim Einkauf hinsichtlich jeder Ware erklären müsste, in wessen Namen sie nun gekauft wird.

Selbstverständlich funktioniert dies alles nur bei Verträgen, die alltäglich und einfach gelagert sind, sodass es auf die beteiligten Personen nicht ankommt. Bei einem Mietvertrag kann man nicht auf einmal sagen „Ach übrigens, nicht ich ziehe ein, sondern der, den es angeht".

Gilt die Schlüsselgewalt auch bei Trennung der Ehegatten?

§ 1357 Abs. 3 BGB sagt:

```
Absatz 1 gilt nicht, wenn die Ehe-
gatten getrennt leben.
```

Die Schlüsselgewalt endet also erst beim tatsächlichen Getrenntleben. Ein vorübergehender Auszug reicht nicht aus, ebensowenig die (freilich seltene) Einleitung des Scheidungsverfahrens, bei Aufrechterhaltung der Ehewohnung. Erst bei dauerhafter Trennung kann man davon ausgehen, dass der Grund der Schlüsselgewalt wegfällt: Es gibt dann ja keinen gemeinsamen Familienbedarf mehr (auch dann nicht, wenn es um Anschaffungen für die gemeinsamen Kinder geht), also ist eine Vertretungsregelung nicht mehr nötig.

Auf die Kenntnis des Vertragspartners kommt es wiederum nicht an.

Wann braucht ein Vertreter eine Vollmachtsurkunde?

Ein Vertreter kann grundsätzlich formlos, also bspw. mündlich durch Rechtsgeschäft mit Vertretungsmacht ausgestattet werden („Bevollmächtigter"). Diese Vertretungsmacht muss er normalerweise nicht gesondert nachweisen. Trotzdem braucht er bei einseitigen Rechtsgeschäften für den Vollmachtgeber (z.B. wenn er eine fällige Zahlung anmahnt) eine Vollmachtsurkunde, wenn das Gegenüber dies verlangt (§ 174 BGB):

> Ein einseitiges Rechtsgeschäft, das ein Bevollmächtigter einem anderen gegenüber vornimmt, ist unwirksam, wenn der Bevollmächtigte eine Vollmachtsurkunde nicht vorlegt und der andere das Rechtsgeschäft aus diesem Grunde unverzüglich zurückweist. Die Zurückweisung ist ausgeschlossen, wenn der Vollmachtgeber den anderen von der Bevollmächtigung in Kenntnis gesetzt hatte.

Der Hintergrund ist derjenige, dass bei einem einseitigen Rechtsgeschäft Klarheit herrschen muss, ob die Vertretungsmacht wirklich besteht. Bei einem zweiseitigen Rechtsgeschäft (z.B. beim Angebot, einen Kaufvertrag zu schließen) kann der Vertragspartner immer noch ablehnen, wenn ihm die Sache zu unsicher ist. Ein einseitiges Rechtsgeschäft ist dagegen sofort wirksam – oder eben nicht.

Der Adressat kann dann also die Willenserklärung zurückweisen und sie somit für unwirksam erklären. Dieses Recht hat er aber nicht, wenn ihm eine Vollmachtsurkunde vorgelegt wird oder der Vollmachtgeber ihm (siehe Satz 2) zuvor Bescheid gegeben hatte.

Was ist, wenn man nicht sagt, dass man für jemand anderen handelt?

In dem Fall wird man selbst berechtigt und verpflichtet, man wird also Vertragspartner. § 164 Abs. 2 sagt dies allerdings etwas undeutlich:

> Tritt der Wille, in fremdem Namen zu handeln, nicht erkennbar hervor, so kommt der Mangel des Willens, im eigenen Namen zu handeln, nicht in Betracht.

Man kann sich dann also weder auf fehlenden Rechtsbindungswillen berufen noch allein deswegen anfechten. Die Ratio dahinter ist klar: Der Vertragspartner weiß nichts von der Vertretung, also muss er auch davon ausgehen können, dass er mit der Person, die er vor sich sieht, einen Vertrag schließt.

Ausnahmen sind selten, Beispiele sind das „Geschäft für den, den es angeht" oder Geschäfte im Rahmen der „Schlüsselgewalt" des Ehegatten.

Was passiert mit der Bevollmächtigung beim Tod des Vollmachtgebers?

Das Erlöschen der Vollmacht wird in der Regel zugleich mit ihrer Erteilung geregelt (insofern ist § 168 Satz 1 etwas missverständlich). Daher kann auch vereinbart werden, dass die Vollmacht mit dem Tod des Auftraggebers erlischt.

Liegt keine derartige Bestimmung vor, ergibt sich aber unmittelbar aus dem Gesetz kein Erlöschen der Vollmacht. Denn §

672 BGB sagt dazu:

```
Der Auftrag erlischt im Zweifel
nicht durch den Tod oder den Ein-
tritt der Geschäftsunfähigkeit des
Auftraggebers.
```

Allerdings können die Erben des Vollmachtgebers, die ja in dessen Rechtsstellung vollständig eintreten nun selbst als Vollmachtgeber handeln und die Bevollmächtigung nach § 671 Abs. 1 widerrufen:

```
Der Auftrag kann von dem Auftrag-
geber jederzeit widerrufen, von
dem Beauftragten jederzeit gekün-
digt werden.
```

Was ist eine Duldungsvollmacht?

Die Duldungsvollmacht ist eine Vollmacht, die – wie der Name schon sagt – durch Duldung erteilt wurde, also nicht ausdrücklich. Sie gehört daher zu den sog. Rechtsscheinvollmachten.

Dabei duldet jemand, dass ein anderer wie ein Vertreter für ihn auftritt. Zudem muss der Geschäftsgegner, also derjenige, demgegenüber der Vertreter handelt, dies so verstehen und auch so verstehen dürfen, dass dieser Vertretungsmacht hat.

Die Voraussetzungen sind also:

- Vertreter hat keine Vertretungsmacht

- Vertreter tritt auf, als hätte er Vertretungsmacht.

- Vertretener duldet dieses Auftreten.

- Geschäftsgegner versteht dies so, als hätte der Vertreter Vertretungsmacht.

- Geschäftsgegner durfte dies auch so verstehen, ohne dass man ihm einen Fahrlässigkeitsvorwurf machen kann.

Was ist eine Anscheinsvollmacht?

Die Anscheinsvollmacht ist eine Vollmacht, die – wie der Name schon sagt – nur auf dem Schein, jemand habe Vollmacht, beruht. Sie gehört daher zu den sog. Rechtsscheinvollmachten.

Zunächst muss jemand sich eine tatsächlich nicht bestehende Vollmacht anmaßen, also Geschäfte für und gegen jemand anderen vornehmen; notwendig ist auch eine gewisse Dauer und Häufigkeit der Vertretungshandlungen. Dabei weiß der auf diese Weise „Vertretene" nicht, dass jemand in dieser Weise auftritt – ansonsten handelt es sich um eine Duldungsvollmacht. Allerdings hätte der „Vertretene" erkennen und verhindern können, dass dies passiert. Der Geschäftsgegner seinerseits muss annehmen dürfen, dass der Vertretene die Vertretung billigt.

Die Voraussetzungen sind also:

- Vertreter hat keine Vertretungsmacht

- Vertreter tritt auf, als hätte er Vertretungsmacht.

- Vertretung ist von gewisser Häufigkeit.

- Vertretener hätte diese Art der Vertretung verhindern können.

- Vertretener weiß aber nichts davon.

- Geschäftsgegner versteht dies so, als hätte der Vertreter Vertretungsmacht.

- Geschäftsgegner durfte dies auch so verstehen, ohne dass man ihm einen Fahrlässigkeitsvorwurf machen kann.

Was ist der Unterschied zwischen einer Duldungsvollmacht und einer Anscheinsvollmacht?

Grundsätzlich gehören beide Arten der „Vollmacht" zu den Rechtsscheinvollmachten. Sie existieren also nicht wirklich durch ausdrückliche Bevollmächtigung, sondern nur deswegen, weil es nach außen so wirkt.

Bei der Duldungsvollmacht reicht die Duldung alleine bereits aus, da diese eine konkludente (schlüssige) Bevollmächtigung darstellt und damit nicht mehr weit von einer ausdrücklichen (rechtsgeschäftlichen) Vollmacht entfernt ist. So weit geht man bei der Anscheinsvollmacht nicht, hier muss kein Wissen um das Auftreten der Vertreters vorliegen, vielmehr reicht die Fahrlässigkeit aus, dies nicht verhindert zu haben. Dafür muss hier aber noch eine gewisse Dauer und Häufigkeit hinzukommen, weil man erst dann einen höheren Fahrlässigkeitsvorwurf an den „Vertretenen" machen kann, während bei der Duldungsvollmacht ein einmaliges Auftreten reicht.

Kann man eine Vollmacht anfechten?

Solange die Bevollmächtigung noch nicht ausgeübt wurde, also der Vertreter noch keine Willenserklärung namens des Vertretenen abgegeben hat, ist keine Anfechtung notwendig, da die Vollmacht jederzeit widerrufen werden kann, § 168 Satz 2 BGB:

Die Vollmacht ist auch bei dem Fortbestehen des Rechtsverhältnisses [aufgrund dessen sie erteilt wurde] widerruflich, sofern sich nicht aus diesem ein anderes ergibt.

Interessanter ist die Frage, was man tun kann, wenn der Vertreter bereits von seiner Vertretungsmacht Gebrauch gemacht hat. Diese kann man bei einem relevanten Irrtum ebenso anfechten wie jede andere Willenserklärung. Damit handelt der Vertreter nun auf einmal ohne Vertretungsmacht ist gemäß § 179 BGB dem Vertragspartner zur Vertragserfüllung oder zum Schadenersatz verpflichtet. Er selbst wiederum kann aber gemäß § 122 BGB Schadenersatz vom Vertretenen beanspruchen, da dieser durch seine Anfechtung den Grund für den Schadenersatz gegenüber dem Vertragspartner geschaffen hat.

Was passiert, wenn man einen anderen ohne Berechtigung vertritt?

Diese Figur des Vertreters ohne Vertretungsmacht ist ausdrücklich im Recht der Stellvertretung geregelt. Zunächst nimmt § 164 Abs. 1 Satz 1 BGB diesen Fall schon begrifflich aus den Fällen der „normalen" Vertretung heraus:

```
Eine Willenserklärung, die jemand
innerhalb der ihm zustehenden Ver-
tretungsmacht im Namen des Vertre-
tenen abgibt, wirkt unmittelbar
für und gegen den Vertretenen.
```

Wird die Willenserklärung ohne Berechtigung abgegeben, be-

findet sie sich also schon gar nicht „innerhalb der ihm zustehen-
den Vertretungsmacht".

Der so unfreiwillige Vertretene hat aber noch die Möglichkeit, dieses Geschäft doch gelten zu lassen, § 177 Abs. 1:

```
Schließt jemand ohne Vertretungs-
macht im Namen eines anderen einen
Vertrag, so hängt die Wirksamkeit
des Vertrags für und gegen den
Vertretenen von dessen Genehmigung
ab.
```

Damit wird dem Vertretenen also die Möglichkeit gegeben,
das Geschäft zu genehmigen, weil er es möglicherweise doch für
ganz vorteilhaft hält. Tut er dies, so wird der Vertrag wirksam und
er kann die Rechte daraus wahrnehmen, ganz so als hätte er ihn
selbst geschlossen.

Der Vertreter ohne Vertretungsmacht ist dagegen in einer
ziemlich ungünstigen Position, wenn es nicht zur Genehmigung
kommt (§ 179 Abs. 1 BGB):

```
Wer als Vertreter einen Vertrag
geschlossen hat, ist, sofern er
nicht seine Vertretungsmacht nach-
weist, dem anderen Teil nach des-
sen Wahl zur Erfüllung oder zum
Schadensersatz verpflichtet, wenn
der Vertretene die Genehmigung des
Vertrags verweigert.
```

Dann kann sich der andere Teil also aussuchen, dass er den
Vertrag mit dem Vertreter (und nicht mit dem vermeintlich Vertretenen) gelten lassen will. Er kann aber auch gleich Schadenersatz

verlangen, und zwar für das (positive) Erfüllungsinteresse, also seinen gesamten Gewinn. Das Wahlrecht des Vertragspartners besteht deswegen, weil man ihm weder die Rechte aus dem Vertrag nehmen noch einen Vertragspartner aufdrängen will, den er sich nicht ausgesucht hat.

Weil dies aber ziemlich nachteilig für einen Vertreter wäre, der gutgläubig darauf vertraut hat, Vertretungsmacht zu haben, gibt es eine Einschränkung in § 179 Abs. 2 BGB:

> Hat der Vertreter den Mangel der Vertretungsmacht nicht gekannt, so ist er nur zum Ersatz desjenigen Schadens verpflichtet, welchen der andere Teil dadurch erleidet, dass er auf die Vertretungsmacht vertraut, jedoch nicht über den Betrag des Interesses hinaus, welches der andere Teil an der Wirksamkeit des Vertrags hat.

Hier wird also nur das negative Interesse ersetzt, in erster Linie die aufgewendeten Kosten.

Was ist der falsus procurator?

Das ist einfach nur der schöne lateinische Ausdruck für einen Vertreter ohne Vertretungsmacht nach § 177 BGB.

Was ist der Missbrauch der Vertretungsmacht?

Im Gegensatz zum Vertreter ohne Vertretungsmacht hat der missbräuchlich Vertretende volle Vertretungsmacht, er setzt sie nur anders ein als er darf. Man nennt dies die „Überschreitung der rechtlichen Dürfens im Rahmen des rechtlichen Könnens".

Das kommt vor allem vor, wenn eine Vertretungsmacht durch Gesetz eingeräumt wird, die grundsätzlich unbeschränkt ist. So darf der OHG-Gesellschafter bspw. so gut wie alles. § 126 HGB setzt dem keine Grenzen:

> (1) Die Vertretungsmacht der Ge-
> sellschafter erstreckt sich auf
> alle gerichtlichen und außerge-
> richtlichen Geschäfte und Rechts-
> handlungen einschließlich der Ver-
> äußerung und Belastung von Grund-
> stücken sowie der Erteilung und
> des Widerrufs einer Prokura.
> (2) Eine Beschränkung des Umfangs
> der Vertretungsmacht ist Dritten
> gegenüber unwirksam (...)

Gleichzeitig werden die Befugnisse der Gesellschafter jedoch erheblich eingeschränkt, zum einen durch den Gesellschaftsvertrag (§ 109 HGB), aber auch durch die Möglichkeit des Widerspruchs anderer Gesellschafter (§ 115 Abs. 1) und durch die Beschlusslage (§ 116 Abs. 2).

All das muss einen Vertragspartner aber nicht kümmern, denn er hat in die Interna der Gesellschaft ohnehin keinen Einblick. Er muss sich darauf verlassen können, dass der Gesellschafter ihm gegenüber berechtigt zum Handeln ist. Verletzt der Gesellschafter dadurch seine Pflichten gegenüber der Gesellschaft, müssen diese das unter sich ausmachen – einen Dritten berührt das nicht.

Was ist die Rechtsfolge eines Missbrauchs der Vertretungsmacht?

Grundsätzlich beeinflusst dies die Wirksamkeit der Vertretungshandlung nicht. Es ist das Risiko des Vertretenen, wenn er eine unzuverlässige Person einsetzt, die sich nicht an ihre Befugnisse hält. Im Außenverhältnis (zwischen Vertretenem und Vertragspartner) hat der Missbrauch normalerweise keine Auswirkungen. Etwas anderes gilt nur bei Kollusion und Evidenz.

Im Innenverhältnis (zwischen Vertreter und Vertretenem) liegt regelmäßig eine Pflichtverletzung vor, die dann zu Schadenersatzansprüchen führen kann.

Was bedeutet Kollusion?

Als Kollusion bezeichnet man das planvolle Zusammenwirken von Personen zum Schaden eines anderen. Wenn bspw. der Vertreter und der Vertragspartner vereinbaren, dass diese einen Vertrag zu Lasten des Vertretenen schließen, handeln sie kollusiv. Der Missbrauch der Vertretungsmacht führt dann ausnahmsweise zur Unwirksamkeit der Stellvertretung. Dies wird damit begründet, dass ein solches Rechtsgeschäft sittenwidrig ist (§ 138 Abs. 1 BGB).

Was bedeutet Evidenz?

Evidenz (lat. Offensichtlichkeit) bedeutet, dass für jeden klar war, dass der Vertreter seine Vertretungsmacht missbraucht. Ein Vertragspartner, der trotzdem einen Vertrag schließt, kann sich dann aufgrund der Grundsätze von Treu und Glauben nicht auf diesen Vertrag berufen. Es handelt sich damit um den seltenen Fall, dass der bloße Missbrauch einer bestehenden Vertretungsmacht zur Unwirksamkeit führt.

Was ist, wenn jemand unter einem fremden eBay-Account Geschäfte tätigt?

Nehmen wir an, der Täuschende T bietet ohne dessen Wissen unter dem Namen des Account-Inhabers A auf einem Auktion des Verkäufers V. Dabei handelt es sich um ein sogenanntes Handeln unter fremdem Namen, da T den A nicht vertreten kann. Dies ändert also nichts daran, dass T die Willenserklärung abgegeben hat und damit Vertragspartner geworden ist. V muss sich also ausschließlich an den T halten, von A kann er die Kaufpreiszahlung nicht verlangen.

Das würde bedeuten, dass A nicht verpflichtet wird, obwohl sein Account verwendet wurde. V muss sich an den ihm völlig unbekannten T halten, obgleich er ohne jede Fahrlässigkeit davon ausgehen durfte, dass A bei ihm bestellt hat. Das erscheint etwas merkwürdig.

Daher wendet die Rechtsprechung hier die Vertretungsregeln der §§ 164 ff. analog an.

FRISTBERECHNUNG

Wie wird eine Frist nach dem BGB berechnet?

Die Berechnungsvorschriften im Gesetz sind sehr schwierig zu verstehen:

§ 187 Abs. 1
Ist für den Anfang einer Frist ein Ereignis oder ein in den Lauf eines Tages fallender Zeitpunkt maßgebend, so wird bei der Berechnung der Frist der Tag nicht mitgerechnet, in welchen das Ereignis oder der Zeitpunkt fällt.

§ 188
(1) Eine nach Tagen bestimmte Frist endigt mit dem Ablauf des letzten Tages der Frist.
(2) Eine Frist, die nach Wochen, nach Monaten oder nach einem mehrere Monate umfassenden Zeitraum – Jahr, halbes Jahr, Vierteljahr – bestimmt ist, endigt im Falle des § 187 Abs. 1 mit dem Ablauf desjenigen Tages der letzten Woche oder des letzten Monats, welcher durch seine Benennung oder seine Zahl dem Tage entspricht, in den das Ereignis oder der Zeitpunkt fällt,

im Falle des § 187 Abs. 2 mit dem
Ablauf desjenigen Tages der letzten Woche oder des letzten Monats,
welcher dem Tage vorhergeht, der
durch seine Benennung oder seine
Zahl dem Anfangstag der Frist
entspricht.
(3) Fehlt bei einer nach Monaten
bestimmten Frist in dem letzten
Monat der für ihren Ablauf maßge-
bende Tag, so endigt die Frist mit
dem Ablauf des letzten Tages dieses Monats.
§ 193
Ist an einem bestimmten Tage oder
innerhalb einer Frist eine Willenserklärung abzugeben oder eine
Leistung zu bewirken und fällt der
bestimmte Tag oder der letzte Tag
der Frist auf einen Sonntag, einen
am Erklärungs- oder Leistungsort
staatlich anerkannten allgemeinen
Feiertag oder einen Sonnabend, so
tritt an die Stelle eines solchen
Tages der nächste Werktag.

Diese Regelungen muss man sich schematisch zu Gemüte
führen. Mit folgender Prüfung kann man jede Frist problemlos
ausrechnen und es ist zudem – wie man gleich sieht – sehr intui-
tiv:

1. Stellen Sie fest, welches Ereignis an welchem Datum die

Frist auslöst (Auslösungstag).

2. Stellen Sie daraus den grundsätzlichen Tag des Fristendes fest:

   a) Bei einer Wochenfrist liegt das Fristende am selben Wochentag wie der Auslösungstag. War dies ein Dienstag, so endet die Frist wieder am Dienstag. Die Wochen lassen sich mit einem Kalender ohne Weiteres abzählen, sodass man keine einzelnen Tage zählen muss.

   b) Bei einer Monatsfrist liegt das Fristende am Wochentag mit der gleichen Nummerierung wie der Auslösungstag. Endet eine Reise am 4. November, so läuft die Monatsfrist für Anspruchsforderungen (§ 651g Abs. 1 Satz 1) am 4. Dezember ab.

   c) Bei einer Jahresfrist liegt das Fristende am gleichen Kalenderdatum wie der Auslösungstag. Die zweijährige Verjährungsfrist für einen Kauf am 8. Januar 2014 endet am 8. Januar 2016.

3. Schließlich muss man gegebenenfalls noch feinjustieren:

   a) Gibt es den entsprechenden Tag nicht (Monatsfrist würde am 31. April enden, Jahresfrist am 29. Februar nach einem Schaltjahr), so endet die Frist gemäß § 188 Abs. 3 am letzten Tag des Monats (30. April, 28. Februar).

   b) Fällt das Fristende auf einen Samstag, Sonntag oder Feiertag, so verlängert sich die Frist auf den nächsten Werktag, wobei der Samstag offensichtlich nicht als

Werktag zählt.

4. Die Frist endet zudem immer erst mit Ablauf des Tages (§ 188 Abs. 1), also um 24 Uhr.

Vielleicht ist Ihnen aufgefallen, dass wir etwas umständlich von „Auslösungstag" und nicht einfach von „Fristbeginn" gesprochen haben. Das liegt daran, dass der Fristbeginn nach der Konzeption des BGB erst der Folgetag ist, von diesem Tag an die vollen Wochen/Monate/Jahr berechnet werden und die Frist dann aber am Tag vor dem so errechneten Tag endet – was sehr kompliziert ist. Unsere (natürlich zu identischen Ergebnissen führende) Berechnungsweise halten wir insoweit für deutlich eingängiger und einfacher.

Verjährung

Wann verjähren zivilrechtliche Ansprüche?

Grundsätzlich gilt eine Verjährung von drei Jahren zum Jahresende. Sämtliche Ansprüche, die im Jahr 2011 entstehen, verjähren also am 31. Dezember 2014, 24 Uhr:

```
§ 195 Regelmäßige Verjährungsfrist
Die regelmäßige Verjährungsfrist
beträgt drei Jahre.
§ 199 Beginn der regelmäßigen Ver-
jährungsfrist und Verjährungs-
höchstfristen
(1) Die regelmäßige Verjährungs-
frist beginnt, soweit nicht ein
anderer Verjährungsbeginn bestimmt
ist, mit dem Schluss des Jahres,
in dem
1. der Anspruch entstanden ist und
2. der Gläubiger von den den An-
spruch begründenden Umständen und
der Person des Schuldners Kenntnis
erlangt oder ohne grobe Fahrläs-
sigkeit erlangen müsste.
```

Daneben gibt es noch einige Höchstfristen in den Absätzen 2 bis 4 des § 199.

Was ist die Silvesterverjährung?

So bezeichnet man die Tatsache, dass die meisten zivilrechtlichen Ansprüche immer zum Jahresende verjähren, also am 31. Januar, 24 Uhr.

Welche Ansprüche verjähren nicht?

Es gibt einige wenige Ansprüche, die überhaupt nicht verjähren.

- Gemäß § 898 verjähren die Grundbuchberichtigungsansprüche gemäß § 894 bis 896 nicht. Dies ist logisch, denn ansonsten könnte ein unrichtiges Grundbuch mitsamt der dort eingetragenen Eigentumsverhältnisse „rechtskräftig" werden, da es nicht mehr korrigiert werden kann – aber materiell wäre es trotzdem falsch.

- Umgekehrt verjähren auch im Grundbuch eingetragene Rechte gemäß § 902 BGB nicht.

- Auch verschiedene, in § 924 BGB explizit aufgezählte nachbarrechtliche Ansprüche unterliegen nicht der Verjährung.

Wer trägt die Beweislast für die Verjährung?

Hier gilt die allgemeine Beweislastregelung, dass jeder die für ihn günstigen Tatsachen beweisen muss. Der Schuldner, der sich auf Verjährung beruft, muss den Beginn der Frist beweisen, der Gläubiger dagegen eventuelle Hemmungen oder Unterbrechungen beweisen.

Wann ist die Verjährung gehemmt?

Die Hemmungstatbestände der Verjährung werden in den §§ 203 bis 208 geregelt:

- Verhandlungen zwischen Schuldner und Gläubiger (§ 203)

- Klageerhebung und andere Rechtsverfolgungsmaßnahmen durch den Gläubiger (§ 204)

- Berechtigung des Schuldners zur Leistungsverweigerung (§ 205)

- höhere Gewalt, die den Gläubiger an der Rechtsverfolgung hindert (§ 206)

- familiäre Gründe, da man aufgrund des engen Verhältnisses die Ansprüche nicht sofort geltendmachen muss (§ 207); bei Kindern gilt dies aber nur bis zur Vollendung des 21. Lebensjahrs, bei Ehegatten solange die Ehe besteht

- bei Straftaten gegen die sexuelle Selbstbestimmung bis zur Vollendung des 21. Lebensjahrs und bis zur Beendigung der häuslichen Gemeinschaft (§ 208)

Die Hemmungstatbestände sind von denen der Ablaufhemmung zu unterscheiden.

Was ist die Rechtsfolge der Verjährungshemmung?

Die Zeiträume, in denen die Verjährung gehemmt ist, werden gemäß § 209 BGB nicht in die Verjährungsfrist miteingerechnet, das Ende der Frist und damit der Eintritt der Verjährung schiebt sich also entsprechend hinaus.

Beispiel: Verjährung würde eigentlich am 31.12.2016 eintreten. Vom 1. März 2015 bis zum 31. Juli 2015 war die Verjährung wegen eines Leistungsverweigerungsrechts des Schuldners (§ 205) gehemmt. Dementsprechend verlängert sich die Verjährungsfrist um diese fünf Monate bis zum 31. Mai 2017.

Die Hemmung ist von der Ablaufhemmung zu unterscheiden.

Was ist eine Ablaufhemmung der Verjährung?

Im Gegensatz zur normalen Verjährungshemmung wirkt die Ablaufhemmung nicht in dem Sinn, dass ein bestimmter Zeitraum nicht berücksichtigt wird. Vielmehr wird ein Zeitpunkt bestimmt, vor dem die Verjährung keinesfalls eintreten kann.

In § 210 ist bestimmt, dass gegen eine nicht voll geschäftsfähige Person, die zeitweise keinen Vertreter hat, die Verjährung erst sechs Monate nach dem Zeitpunkt eintreten, zu dem sie wieder einen Vertreter hat. Dieser Zeitpunkt ist also klar bestimmbar und es ist immer derselbe. Hatte sie dagegen während eines bestimmten Zeitpunkts im Laufe der Verjährungsfrist keinen Vertreter, verlängert sich dadurch die Verjährung nicht. Faktisch wird also dem neuen Vertreter stets mindestens ein halbes Jahr Zeit gegeben, um Ansprüche einzuklagen.

Ebenso verhält es sich bei Ansprüchen eines Verstorbenen und gegen einen Verstorbenen (§ 211), die Teil des Nachlasses geworden sind.

Was bedeutet Verjährungsunterbrechung?

Den Begriff der Unterbrechung einer Verjährung gibt es im Zivilrecht nicht mehr, § 212 spricht jetzt verständlicher von „Neubeginn". Inhaltlich hat sich aber nichts geändert.

Was bedeutet der Neubeginn der Verjährung?

Beginnt eine Verjährung von neuem, so wird die Uhr quasi „auf null zurückgestellt", die Frist beginnt wieder komplett von vorne, die bisher abgelaufene Zeit wird nicht berücksichtigt. Gründe hierfür ergeben sich aus § 212 BGB.

Beispiel: Eine Schuld wurde im Juni 2010 begründet und wäre somit am 31.12.2013 verjährt. Im April 2012 erkennt der Schuldner die Schuld durch eine Zinszahlung an, somit beginnt die Verjährung von vorn und dauert wieder drei Jahre zum Jahresende, endet nun also am 31.12.2015.

Wann tritt ein Neubeginn der Verjährung ein?

Die Gründe dafür, dass die Verjährungsfrist von vorn beginnt, werden in § 212 Abs. 1 BGB erschöpfend aufgezählt:

```
Die Verjährung beginnt erneut,
wenn
1. der Schuldner dem Gläubiger ge-
genüber den Anspruch durch Ab-
schlagszahlung, Zinszahlung, Si-
cherheitsleistung oder in anderer
Weise anerkennt oder
2. eine gerichtliche oder behörd-
```

```
liche Vollstreckungshandlung vor-
genommen oder beantragt wird.
```

Stellt Nacherfüllung ein Anerkenntnis dar?

Verjährungsrechtlich stellt sich die Frage, ob eine Nacherfüllung ein Anerkenntnis der Nacherfüllungspflicht darstellt, da dies die Verjährung von vorn beginnen lässt. Als Anerkenntnis gilt ein Nacherfüllungsversuch demnach aber nur, wenn die Nacherfüllung nicht lediglich aus Kulanz, sondern als Erfüllung einer vertraglichen bzw. gesetzlichen Pflicht geschieht. Dabei ist grundsätzlich auf die Sicht des Kunden abzustellen, wie er also die Handlung des Verkäufers verstehen durfte. Jedenfalls beginnt die Verjährung dann nicht neu, wenn der Verkäufer ausdrücklich erklärt, ohne Anerkennung einer Rechtspflicht zu handeln.

Beginnt bei Nacherfüllung die kaufrechtliche Verjährung von Neuem?

Das ist höchst strittig.

Wird eine neue Sache geliefert („Nachlieferung"), so entstehen hinsichtlich dieser die Gewährleistungsansprüche von Neuem und verjähren eigenständig nach den Vorschriften des § 438, also in der Regel in zwei Jahren (Abs. 1 Nr. 3) ab Ablieferung der neuen Sache (Abs. 2).

Wird die alte, mangelhafte Sache dagegen repariert („Nachbesserung"), so wirkt dies dagegen – wenn überhaupt – nur als Anerkenntnis dieses Mangels und die Verjährung beginnt auch nur insoweit von Neuem. Die Verjährung verlängert sich also nur im Hinblick auf diesen Mangel sowie auf Schäden, die gerade aus der Nachbesserung entstanden sind.

Kann man die Verjährung durch Beantragung eines Mahnbescheids verhindern?

Prinzipiell ja, die Zustellung eines Mahnbescheids führt zur Hemmung des Verjährung gemäß § 204 Abs. 3 BGB. Grundsätzlich wirkt die Zustellung sogar auf den Zeitpunkt der Stellung des Mahnantrags zurück (§ 167 ZPO), sodass bereits das Einreichen des Formulars beim Mahngericht die Verjährung hemmt.

Der Mahnantrag muss im Allgemeinen nicht substantiiert begründet werden. Allerdings muss die Forderung individualisierbar sein, der Schuldner muss also erkennen können, auf welchen Anspruch sich dieser Mahnbescheid bezieht. Fehlt es daran oder wurde der Mahnbescheid durch falsche Angaben erschlichen (Bsp.: es wurde fälschlicherweise behauptet, die Gegenleistung sei bereits erbracht), so kann er die Verjährung nicht verhindern.

Kann man etwas zurückfordern, das man trotz Verjährung geleistet hat?

Nein. § 214 Abs. 2 Satz 1 BGB sagt eindeutig:

```
Das zur Befriedigung eines ver-
jährten Anspruchs Geleistete kann
nicht zurückgefordert werden, auch
wenn in Unkenntnis der Verjährung
geleistet worden ist.
```

Damit sind Rückzahlungsansprüche aus §§ 812 und 813 BGB ausgeschlossen.

Die Regelung ist insofern ein Kompromiss: Ist eine Forderung verjährt, muss man nicht zahlen. Hat man bezahlt, bleibt es aber dabei.

Kann man mit einer verjährten Forderung aufrechnen?

Ja, § 215 BGB sagt ausdrücklich:

> Die Verjährung schließt die Aufrechnung und die Geltendmachung eines Zurückbehaltungsrechts nicht aus, wenn der Anspruch in dem Zeitpunkt noch nicht verjährt war, in dem erstmals aufgerechnet oder die Leistung verweigert werden konnte.

Wenn sich die beiden Forderungen also jemals unverjährt gegenüber standen, kann aufgerechnet werden, auch wenn später Verjährung eingetreten ist.

Nicht möglich ist es daher aber, nach Eintritt der Verjährung eine Schuld einzugehen und diese dann mit Verweis auf die frühere Forderung nicht zu erfüllen.

Kann ein Rücktrittsrecht verjähren?

Nein und ja.

Grundsätzlich kann gemäß § 194 Abs. 1 nur ein Anspruch, also das Recht, ein Tun oder Unterlassen zu fordern, verjähren. Der Rücktritt ist aber kein Forderungsanspruch, sondern ein Gestaltungsrecht.

Darum gibt es den (schwer verständlichen) § 218 Abs. 1 Satz 1 BGB:

> Der Rücktritt wegen nicht oder
> nicht vertragsgemäß erbrachter
> Leistung ist unwirksam, wenn der
> Anspruch auf die Leistung oder der
> Nacherfüllungsanspruch verjährt
> ist und der Schuldner sich hierauf
> beruft.

Danach verjährt der Rücktritt zwar nicht, er wird aber unwirksam, wenn die zugrunde liegende Forderung verjährt ist. Das bedeutet also, dass bei Kaufverträgen ein Rücktritt nach zwei Jahren (§ 438 Abs. 1 Nr. 3) regelmäßig ausscheidet.

Verjähren Gesundheitsschäden erst nach 30 Jahren?

Nein, bei der Frist des § 199 Abs. 2 BGB handelt es sich nur um eine Maximalfrist:

> Schadensersatzansprüche, die auf
> der Verletzung des Lebens, des
> Körpers, der Gesundheit oder der
> Freiheit beruhen, verjähren ohne
> Rücksicht auf ihre Entstehung und
> die Kenntnis oder grob fahrlässige
> Unkenntnis in 30 Jahren von der
> Begehung der Handlung, der
> Pflichtverletzung oder dem sonsti-

gen, den Schaden auslösenden Ereignis an.

Sie verjähren also spätestens 30 Jahre nach der Handlung, die den Gesundheitsschaden ausgelöst hat.

Ist aber zuvor sowohl der Schaden entstanden und dem Geschädigten der Schaden bekannt gewesen, gilt die Jahresendverjährung von drei Jahren ab diesem Zeitpunkt (§ 199 Abs. 1):

Die regelmäßige Verjährungsfrist
beginnt, soweit nicht ein anderer
Verjährungsbeginn bestimmt ist,
mit dem Schluss des Jahres, in dem
1. der Anspruch entstanden ist und
2. der Gläubiger von den den Anspruch begründenden Umständen und
der Person des Schuldners Kenntnis
erlangt oder ohne grobe Fahrlässigkeit erlangen müsste.

Anders gesagt: § 199 Abs. 1 und Abs. 2 geben zwei verschiedene Verjährungsfristen an, von denen die jeweils kürzere zählt.